차근차근 스며드는

하브루타 수업이야기

하브루타수업연구회

| 김석화 · 김자영 · 신은옥 · 김나영 · 이인숙 · 임다영 |

박영story

머리말

다시, 하브루타로

지금은 AI 프로그램까지 광고하는 시대, 손에서 휴대폰을 놓지 않는 시대, 비대면이 일상이 된 시대, 전 세계가 실시간 네트워크로 소통하는 시대이다. 동시에 '외로움부장관'이 필요한 외로움과 고립의 시대이기도 하다. 가족 간 대화조차 시선만은 휴대폰에서 떨어지지 않는 이런 세상에서 휴대폰 없이 대면하게 하는 교실은 고마운 일이다. 그렇다면 교실에서는 정말 대면이 이루어지고 있을까? 대면하여 대화하고 있을까? 그것 또한 장담하기 어렵다. 그 까닭은 교과서나 TV화면 또는 학습지나 교사의 설명이 대부분인 수업이라면 별다를 것이 없기 때문이다. 쉬는 시간 10분을 위해 수업시간을 견딘다는 학생도 있다. 친구와 수다 떨기 위해서 말이다.

하브루타는 그 수다를 수업으로 가져온다. 의미 있는 수다를 유도한다. 교실이 시끌시끌하다. 쉬는 시간인지 공부 시간인지 구분이 안 간다. 그런데 학생들의 얼굴은 말하는 친구를 향해 있고, 친구의 말에 귀 기울인다. 서로의 의견을 조율하다가 언성이 높아지기도 하고, 조곤조곤 설득하기도 한다. 학생들의 잠재력이 터지는 모습을 보면서 교사로서 효능감도 맛보는 순간이다.

교육과정과 교과서에 질문과 대화의 과정이 많이 들어왔다. 십여 년을 연구하고 실천한 하브루타의 영향이라고 주관적으로 생각해본다. 하지만, 아직도 깊이 있는 공부, 삶과 연결되는 공부, 평생 학습의 즐거움을 학생에게 주기 위해서 진도는 과감히 생략해야 한다고 생각한다. 학(學: 배울)은 있지만 충분한 시간이 필요한

습(習: 익힐)이 따르지 못할 때 배움의 기쁨은 기대하기 어려울 것이다. 줄탁동시(啐啄同時)의 탁(啄: 부리로 쪼다, 학습을 돕다)의 역할을 교사뿐 아니라 친구로 확대할 때 함께 성장하는 기쁨은 더 크다.

이렇게 친구와 함께 배우는 하브루타지만, 진입장벽이 높다고 생각하는 사람들이 많다. 많은 교사들이 하브루타를 시도하다가 좌절감을 맛보기도 한다. 그런 교사들이 여기 있다. 실패했지만 꾸준히 해결책을 찾으며 함께 대화하며 길을 찾아 포기하지 않은 사람들이다. 정말 좋은데 어떻게 진입장벽을 낮출까 하는 마음으로 연구하고 실천하였다. 이 길을 걷는 것은 독자들의 몫이다. 한 번도 안 해본 사람은 있지만 한 번만 해본 사람은 없는 길이 되었으면 하는 마음으로 독자들을 초대한다.

더운 여름의 문턱에서
김석화

추천사

나는 교실에서 하고 싶은 것, 할 수 있는 것은 다 해 보았다는 생각에 조금 이른 퇴직을 한 따끈한 새내기 퇴직교사다. 하지만, '하브루타 수업이야기'를 읽는 내내 우리 반에 적용해보았으면 좋았었겠다라는 생각을 계속하게 되었다.

이 책은 현직 교사들이 스스로 실천하며 검증한 사례들이 담겨 있기에 현직 교사들이라면 쉽게 고개를 끄덕이며 읽게 될 것이다. 새내기 선생님들에게는 주옥같은 학급경영철학을 제공하는 책이 될 것이고, 베테랑 선생님들에게는 또 다른 학급경영 무기, 수업무기를 장착하도록 돕는 책이 될 것이다.

아이들 생활지도로, 각종 학교업무로 늘 바쁜 시간들을 보내면서도 아이들을 성장시키는 수업, 아이들이 신나게 배우는 수업, 아이들이 성장하는 수업에 늘 목이 마른 교사들에게 오아시스 같은 책이라고 추천하고 싶다.

- 김태훈(유튜브 '학교밖김쌤' 운영자, 영재교육박사) -

짝을 지어 질문하고 대화하고 토론하는 하브루타는 가장 확실한 학습법임에 틀림없다. 그러나 하브루타 학습은 이론적으로 쉬울 것 같아도 막상 교실 수업 현장에 적용하려면 어려움이 느껴진다. 이 책은 경험 많은 교사들이 하브루타 수업을 쉽고 재미있게 풀어내어 누구나 접목시킬 수 있는 자신감을 준다. 그대로 따라해 보는 것만으로도 유의미한 결과를 얻을 수 있다고 생각한다. 학교 현장에서 꾸준히 실천해온 하브루타 수업이 더욱 확장되는 데 길잡이가 될 것이다.

- 양동일(하브루타 철학학교 대표) -

학교는 학생과 학부모가 교육을 신뢰하고 학습과 삶을 성장하기 위한 기본적인 틀을 구축하는 데 가장 중요한 역할을 한다. 10여 년 전부터 많은 공교육 선생님들이 하브루타 교육으로 교실 문화와 학습 방법의 변화를 위해 애쓰고 계신다. 달라진 교실, 달라진 아이들의 모습을 보면서 꾸준히 실천하고 계시는 선생님들께 깊은 감사를 드린다. 질문하고 생각을 나누고 서로에게 배우겠다는 하브루타 교육은 행복한 학교, 행복한 교실을 만드는 데 절대적으로 필요하다. 왁자지껄 생각을 나누는 하브루타 교실의 친구들은 매일 학교에 가고 싶은 행복한 아이들일 것이다. 이 책의 다양한 사례는 많은 선생님과 학부모님들께 큰 도움이 될 것이라 확신한다.

- 김금선(한국 하브루타 교육연구협회장, 하브루타 부모교육연구소장) -

목차

프롤로그 7

PART 01

하브루타, 어떻게 시작하지?

1 하브루타, 어떻게 시작하지? 12
2 하브루타와 친해지는 마중물 수업 16

PART 02

하브루타로 가는 다섯 계단

1 들어요-생각해요-만나요-나누어요-연결해요 28
2 들어요-생각해요-만나요-나누어요-연결해요 40
3 들어요-생각해요-만나요-나누어요-연결해요 58
4 들어요-생각해요-만나요-나누어요-연결해요 67
5 들어요-생각해요-만나요-나누어요-연결해요 73
6 '들생만나연' 하브루타 계단 오르기 82

PART 03

하브루타 수업 제대로 맛보기

1	한 학기 한 영화 읽기	88
2	'나의 이야기로 삶을 탐색하는 철학수업' - TED TALK 프로젝트	99
3	경청으로 맛깔 나는 아침 독서	109
4	루틴이 있는 하브루타 수학 수업	113
5	나의 안전을 지키는 지도 그리기 수업	122
6	행복한 우리 반을 위한 반가 만들기	130
7	나, 시인이거든!	141
8	그림책 하브루타에서 AI 포럼까지	148

에필로그 157

프롤로그

하브루타로의 초대

하브루타 수업이야기를 시작하며 저자들이 만났습니다.

"선생님께서 만드신 문집인가요? 학생들의 글이 생생하게 살아있네요."

수석교사실을 방문한 우리들이 책상에 놓인 문집을 들춰보며 한 말입니다. 한 권의 책 안에 6학년 학생들의 진솔한 이야기가 담겨 있었습니다.

"이건 제가 해온 TED[1] 수업의 결과물인데요. 학생들의 원고를 모아서 문집으로 만든 거예요."

"TED 수업이요? 어떤 수업인가요?"

"일종의 스피치 수업이에요. 그 수업을 하게 된 계기는 취업 준비하는 아들 때문이었어요. 면접시험을 준비하는 것을 보았는데 자신의 생각을 조리 있게 말하는 것이 대학생에게도 쉽지 않다는 것을 느꼈어요. 그래서 학생들에게 제대로 말하는 방법을 미리미리 준비시켜야겠다고 생각해서 시작한 수업이에요. 마침 하브루타와도 잘 맞구요."

"이 시대에 가장 필요한 일인 것 같아요. 자신의 의견이나 생각을 다른 사람 앞에서 표현하는 가장 기본적인 거요."

이야기 주제는 자연스럽게 학생들의 생각이나 의견을 표현하는 방법에 대한 고민으로 이어졌습니다.

"우리 반에 친구들과 잘 어울리고 말을 잘 하는 학생이 있는데 수업시간엔 그렇지 않아요. 오히려 입을 꼭 다물고 있어서 안타까워요. 어떻게 해야 할까요?"

---

1 원래 TED는 강연 프로그램인데 그것을 필자가 벤치마킹하여 수업시간에 자신의 주장을 2분 내외로 발표하고 그 내용으로 토의하는 하브루타 프로젝트 수업입니다. 자세한 수업 이야기는 3부에서 확인할 수 있습니다.

"맞아요. 친구들과는 재잘재잘 말을 잘하면서 정작 어떤 주제에 대해 이야기하라고 하면 입을 다무는 학생들이 있어요. 본인이 하고 싶은 말이나 생각을 표현하기 어려워하는 것 같아요."

"평소의 대화 상황과 수업의 과정이 다르기 때문 아닐까요? 친구들과의 대화는 부담이 없으니까요."

"그런데 꼭 그렇지도 않아요. 요즘 학생들은 친구들과도 대화를 잘 못하는 것 같아요. 친구들의 말을 귀 기울여 듣지 않아요. 그래서 다툼도 많이 일어나고."

고민에서 시작된 대화는 점점 토의의 장이 되었습니다. 대화란 무엇인지, 어떤 특징이 있으며 왜 중요한지, 사회 변화로 인해 요즘 학생들의 모습은 어떠한지 등으로 주제가 점점 확장되어 갔습니다.

"이야기하다 보니 학생들에게 대화하는 방법을 잘 가르쳐야겠다는 생각이 드네요. 그래서 하브루타 수업을 해야 하는 거지요."

"하브루타 수업은 너무 어려워요. 뭔가 깊은 내공이 있지 않으면 따라가기 힘들 것 같은데요."

"그런가요? 저는 오히려 단순한 것 같은데요? 짝하고 그냥 얘기하고, 질문 만들어서 또 짝하고 얘기하는 거 그걸 반복하는 것이잖아요? 국어 교과서에 나와 있는 것처럼 질문과 생각 나눔이라는 딱 두 가지 기능만 있는 수업이요."

"말은 쉽지만 그게 엄청 어려워요. 아까도 이야기 했지만, 학생들은 어떻게 대화하는지도 모르기 때문에 그렇게 수업하면 침묵만 흐르거나 엉뚱한 길로 가서 당황스러워요."

이야기는 다시, 대화하는 방법을 어떻게 잘 가르칠 수 있느냐로 돌아왔습니다. 오랫동안, 교실에서의 대화는 교사의 질문과 학생의 대답이 주를 이루었습니다. 그러다 학생 참여 중심 수업이 강조되면서 질문이 있는 교실 붐이 일어났고, 수업 활동에서 학생들의 질문과 생각, 학생 간 대화 비중이 커졌습니다. 그러나 코로나라는 변수가 생겨 대면하여 대화하는 수업은 다시 후퇴하게 되었고 우리 교육계에도 커다란 전환점을 가져왔습니다. 다양한 교육콘텐츠들의 개발을 이끌어내면서 최근에는 에듀테크와 AI가 교육의 패러다임을 바꾸고 있습니다. 그런데 이러한 변화들이 좋은 점도 있지만 협력적 소통과 공감이라는 사회적 기술을 배울 기회를 가로막는다는 염려도 있습니다.

"쉬는 시간에 학생들을 관찰해 보면 학생들이 이야기를 잘 못해 그냥 멀뚱멀뚱 가만히 있는 모습을 볼 수가 있어요. 친구들에게 다가가서 무슨 말을 해야 하는지 모르는 것 같아요. 저는 누군가 옆에 있거나 새로운 누군가를 만났을 때 처음 건네는 말을 어려서부터 자연스럽게 배운 것 같은데요. 예를 들어 옷이 참 예쁘다, 날씨가 좋다 등 이런 이야기로 서로 친해질 수 있다는 것을 생활에서 배웠어요. 요즘엔 그런 기본적인 것들을 배우지 못한 것 같다는 생각이 들어요."

"그렇게 멀뚱하게 서로 사귐이 없고 대화가 없는 상태로 각자 공부를 하게 돼요. 서로의 마음을 이해할 기회가 주어지지도 않으니 점점 더 어려워지겠지요. 그래서 수업시간에라도 틈틈이 그런 것을 길러줘야 되겠다는 생각을 많이 하게 돼요."

"사실 대화의 문제는 아이들만의 문제는 아닌 것 같긴 합니다. 아마도 SNS도 큰 영향이 있어 보여요. 가족 간에도 대화보다 짧은 메시지를 많이 하잖아요?"

일순간 우리는 침묵과 함께 생각에 잠겼습니다. 학생들의 이야기로 문집을 만드신 선생님께서 다시 이야기를 이어갔습니다.

"저는 그래서 도덕 시간에 대화하는 방법을 가르쳤어요. 교과 진도에 맞추어 허덕이는 교육은 살아 있는 교육이 아닌 것 같아서 생활 속에서 꼭 필요한 사회적 기술을 가르쳐야겠다고 생각했어요. 학생들은 교실에서만은 휴대폰을 내려놓고 눈을 마주보며 같은 주제를 가지고 이야기할 수 있습니다. 상황은 주었지만 과연 대화다운 대화를 할까 살짝 의심했는데, 결과를 보니 제법 잘 하더라구요. 하브루타와 관련된 영상을 딱 띄워 놓고 너희도 너희가 하고 싶은 이야기를 해 보라고 했지요. 그랬더니 아이돌, 꿈, 친구 관계, 학원이야기 등이 막 터져 나왔습니다. 스스로 관심 있는 주제를 선택하고 말하니 말하는 친구나 듣는 친구들이나 자신들의 세계에 쏙 빠져서 말문이 자연스럽게 트이는 걸 볼 수 있었습니다. '학원에 대한 찬반', '게임에 대한 절제와 자유', '인간관계에 대한 고민', '환경', '사회 문제' 등 다양한 토의 주제로 열띤 대화를 했어요. 그동안 내가 왜 그런 기회를 진즉에 주지 않았나 반성하게 되었습니다."

"하지만 저는 이렇게 자유주제로 이야기를 하게 놔두는 것이 불안해요. 아마도 학생들을 못 믿어서 그런 것 같아요."

"저도 처음에는 어떤 결과가 나올지 상당히 불안했어요. 물론 처음부터 잘 되지 않았어요. 금방 이야기를 마치고 '다 했어요'를 외치거나, 조용히 안 하고 넘어가기도 하고요. 게다가 주제를 마음대로 선택하라고 하니 엉뚱한 이야기를 준비해 온 아이들도 있었어요. 하지만 학생들을 믿고 기회를 주었더니 자기들끼리 서로 자정작용을 하더라구요. 그 엉뚱한 방향을 다시 잡는 것도 학생들이었어요."

"대화하는 방법을 지식으로 가르치는 것이 아니라, 대화할 기회를 주어 스스로 좋은 방법을 체득하도록 하는 것이 중요하군요."

"맞아요."

"역시 함께 이야기를 하니 길이 보이는 것 같네요."

"이런 경험을 학생들이 할 수 있게 해주는 게 하브루타 수업이겠죠. 이게 하브루타 수업의 매력이에요. 하나의 주제를 가지고 해결을 찾아갈 때까지 대화하는 거요. 물론 쉽지는 않아요. 그래도 믿고 계속 시도하다 보면 소위 말하는 내공이 쌓여요. 'No pain, No gain'."

"아, 그런 과정을 거쳐서 학생들의 살아있는 글이 나온 거군요."

"여전히 어렵지만 하브루타를 지속하는 것은 정말 가치 있는 것 같아요."

하브루타의 매력에 빠진 우리들의 이야기, 지금부터 시작합니다!

PART

01

하브루타, 어떻게 시작하지?

havruta

Chapter 1

하브루타, 어떻게 시작하지?

나는 친구에게 배우고, 친구는 나에게 배우고

'하브루타'를 좋은 방법이라고 생각하면서도 '어떻게 시작하지?'라며 시도하기 어려워하시는 선생님들에게 일상의 수업에서 적용할 수 있는 방법을 안내하고자 합니다.

먼저 일상의 수업이 진행되는 과정을 상기해 보겠습니다. 도입에서 교사가 그날 배울 주제에 대해 설명하기도 하고, 배울 내용을 같이 읽거나 영상 등을 통해 보고 듣습니다. 이어서 잘 들었는지 확인하는 교사의 발문으로 학생들의 이해도를 파악합니다. 이렇게 배경지식을 갖추었다면 학습 주제와 관련하여 모둠이나 짝을 중심으로 교사가 계획한 활동을 전개합니다. 모둠활동이나 짝활동 등을 마치면 그 활동의 결과를 전체에게 발표하고 교사는 발표에 대해 피드백하면서 더 깊은 생각을 위한 발문을 던집니다. 마지막으로 교사 또는 학생의 발표로 수업 내용을 정리하고 수업 소감을 나누며 수업을 마칩니다.

10여 년 하브루타를 연구한 필자들은 어떻게 이런 일상의 수업을 학생이 몰입하며 참여할 수 있을까 고민하였습니다. 하브루타 수업의 목표는 질문을 기반으로 생각할 시간을 충분히 주어 학생이 스스로 깨닫게 하는 것입니다. 하지만 교사만 목표를 알고 학생이 모른다면 교사만 안타까울 뿐입니다. 그러므로 교사와 학생이 함께 수업의 의미를 공감하며 같이 수업을 풀어가는 방법을 강구하게 되었습니다.

다음은 하브루타 수업의 흐름과 그 핵심 단계를 한눈에 볼 수 있는 자료입니다.

하브루타 수업을 위한 게시 자료(157쪽 부록 참조)	
나는 친구에게 배우고, 친구는 나에게 배우고, 배움은 세상을 바꾼다	
생각이 커 가는 우리	
㊣들어요	배울 내용을 읽거나 잘 들어요
생각해요	질문을 떠올리며 생각해요
만나요	배우려는 마음으로 짝을 만나요
나누어요	생각과 배움을 나누어요
연결해요	배움을 삶으로 연결해요

맨 위에는 하브루타가 추구하는 핵심적인 가치를 한 문장으로 나타냈습니다. '나는 친구에게 배우고, 친구는 나에게 배우고, 배움은 세상을 바꾼다'. 이 문장은 친구와 함께 배우며 그렇게 얻은 배움은 삶과 연결되어 이 세상을 보다 선하게, 보다 나아지게 바꾼다는 목표를 향합니다. 시대에 따라 유행하는 다양한 교수학습의 기술이나 이론이 바뀐대도 결국 우리는 혼자서는 올바른 배움의 길을 갈 수 없습니다. 또한 배움으로 끝나는 것이 아닌, 자신의 더 나은 삶으로 연결되는 것이 가장 중요한 목표임을 알려줍니다.

'생각이 커 가는 우리'는 우리 학급이 수업을 통해 나아갈 바를 알려주는 학급 단위의 비전이나 학급 대표 표어라고 할 수 있습니다. 이 부분은 학급에 맞게 다른 표현으로 바꿀 수 있습니다.

수업의 5단계인 '들어요-생각해요-만나요-나누어요-연결해요'는 대부분의 수업에 적용할 수 있습니다. 하브루타의 방법과 문화가 스며들어 일상의 수업에서 학습의 효과를 발휘하는 데 효과적입니다.

각 단계별 내용을 간단히 설명하겠습니다. 더 자세한 방법과 수업 사례는 다음 장에서 확인하실 수 있습니다.

첫 단계인 '들어요'는 수업의 주제나 그날 배울 내용을 교사의 안내에 따라 익히는 과정입니다. 다양하고도 효과적인 읽기 방법이나 잘 듣도록 하여 배울 내용을 익히는 것입니다. 이 과정에서 교사는 발문을 하기 전, 학생들로 하여금 본 것, 들은 것, 읽은 것을 발표하게 하며 무엇을 알게 되었는지 확인합니다. 학생이 가지고 있는 생각을 알고 나면 더욱 알맞은 발문을 할 수 있습니다. 또한 학생들은 이 제시 자료를 통해 자신이 이 단계에서 필요한 태도는 잘 '듣거나 읽는 것'임을 상기합니다.

두 번째 단계인 '생각해요'는 '들어요'에서 본 내용에 대해 질문하는 단계입니다. 실제 수업에서는 이 부분을 교사의 발문과 학생의 발표로 채우거나, 교과서에 제시된 질문이나 활동으로 바로 가는 경우가 많습니다. 하지만 학생들이 주제나 내용에 대해 스스로 질문하게 된다면 그 내용에 집중하며 생각할 점, 모르는 점 등을 찾게 됩니다. 그 학생들의 질문을 바탕으로 내용에 더 깊이 들어갈 수 있습니다. 그러므로 이 단계에서는 질문 만들기가 가장 중요합니다. 질문의 질에 따라 수업의 깊이가 달라지기 때문에 질문 만들기는 지속적인 지도가 반드시 필요합니다.

세 번째 단계인 '만나요'는 하브루타 수업의 핵심인 짝과 만나는 활동입니다. 수업의 전개에서 모둠활동으로 가기 전에 짝대화를 하거나 모둠활동의 대체 활동으로 하는 것이 '만나요'의 짝대화입니다. '생각해요'에서 만들고 다듬어진 질문을 통해 이 단계에서는 짝과 나의 생각을 견주어 서로 보충하고 수정합니다. 이 과정에서 서로의 생각이 다름을 실제로 체험하게 되며, 협동하고 협상하는 능력도 생깁니다. 그래서 이 활동은 짝에게 배우려는 자세로 마음을 열고 만나는 것이 중요합니다.

네 번째 단계인 '나누어요'는 짝대화를 모둠활동으로 확대하거나, 짝대화 내용을 전체 활동으로 함께 나누는 단계입니다. 짝과 나눈 이야기를 전체가 공유하면서 다양한 생각으로 자신의 이해를 넓힙니다. 짝과 나눈 대화를 정리하여 발표하거나 그 밖의 다양한 방법으로 결과를 발표합니다. 교사는 전체 발표를 통해 격려하고, 오류를 수정하고, 더 확장된 생각을 하도록 안내할 수 있습니다.

다섯 번째 단계는 '연결하기'입니다. 오늘 수업에서 배운 내용을 정리하고 이어 실천하고자 하는 행동이나 마음가짐, 소감 등을 통해 익힌 내용을 내 삶으로 가져옵니다. 즉, 수업을 통해 깨달은 자신의 최종 생각과 삶의 자세를 내면화합니다. 교사가 삶과 연결된 깊은 질문을 던지면서 생각의 여운을 남기며 수업을 마무리할 수 있습니다.

이 단계를 항상 교실에 게시하여 학생과 함께 보기를 권합니다. 학생들은 이 자료를 통해 수업의 흐름을 이해하고 그것에 비추어 자신의 태도나 마음 자세를 돌아보게 될 것입니다. 선생님들은 그날 수업의 내용이나 목표에 따라 이 자료의 단계를 생략하거나 합칠 수도 있습니다. 하브루타의 특성상 어느 단계에서나 질문과 대화는 주된 활동이 됩니다. 상황에 따라 필요한 내용을 선생님의 목적에 따라 활용하실 수 있을 것입니다. 학생 스스로 탐구하는 깊이 있는 학습의 길잡이로 하브루타만한 것이 없다는 확신을 가지고 선생님들을 이 길에 초대합니다.

본격적으로 하브루타 수업의 여정을 시작하기 위해서는 먼저 '마중물 수업'이 필요합니다. 하브루타의 필요성과 효과를 학생에게 가르치고, 하브루타 교실을 위한 라포 형성의 방법과 학급 약속을 세우는 내용의 '마중물 수업'에 대해 알려드리겠습니다. 이후 '들어요-생각해요-만나요-나누어요-연결해요'의 다섯 단계를 어떻게 진행하면 좋을지 차근차근 안내하겠습니다.

Chapter 2

하브루타와 친해지는 마중물 수업

"얘들아, 질문 만들어 봐.", "또요?", "어려워요.", "제 짝이 말을 안 해요."

하브루타 수업을 시도하면서 질문을 만들고 짝과 이야기하라고 하면 생각처럼 잘 하지 못합니다. 질문 만드는 것을 강조하다보면 어려워하다 못해 짝에 따라서는 대화가 잘 이어지지 않습니다. '왜 안 될까?' 하던 순간 중요한 사실을 깨달았습니다. '하브루타'가 왜 중요한지에 공감할 시간을 갖지 않고 활동만 하고 있었다는 사실을요. 하브루타가 무엇이고, 왜 필요한지 알려주지 않은 상태에서의 하브루타 수업은 절대 성공할 수 없습니다. 학생들은 지금까지 교사의 설명을 듣는 것에 익숙해져 있기 때문입니다. 그래서 대화와 질문의 문화를 맛보는 '하브루타 마중물 수업'이 필요합니다.

'하브루타 마중물 수업'은 중요하고 핵심적인 세 가지 주제로 진행됩니다. 첫 번째 주제는 하브루타의 의미와 효과를 알아보는 것이고, 두 번째 주제는 분위기 조성을 위한 짝게임이고, 세 번째 주제는 하브루타 약속하기입니다. 학년 초에 학급 세우기와 함께 시작하는 것을 추천합니다. 학급 문제 상황의 대부분은 소통의 부족에서 비롯됩니다. 그러므로 함께 대화하는 '하브루타 마중물 수업'은 학년 초에 서로를 알아가고 소통의 기본 태도를 익히기에 효과적입니다. '하브루타 마중물 수업'은 학년 초가 아니더라도 하브루타를 시작하기 전에 반드시 하는 것이 좋습니다. 가능한 제시된 순서대로 진행하는 것이 효과적입니다.

첫 번째 주제: 하브루타가 뭘까?

‘말하는 공부방’ 영상 보고 근거 찾아 토론하기

인터넷에서 하브루타를 검색하면 많은 영상이 나옵니다. 그 많은 영상 중에 ‘말하는 공부방[2]’을 검색하면 영상이 나오는데, 그것을 활용하면 좋습니다. 영상 중에는 세계사의 한 부분을 두 팀으로 나누어 공부하고 그 결과를 비교하는 실험이 나옵니다. 독서실 책상에서 각자 공부하는 ‘조용한 공부방’과 서로 가르쳐주며 공부하는 ‘말하는 공부방’으로 나뉩니다. 3시간 동안 공부를 마친 후 단답형, 유추형, 서술형 각각 5문제씩 15문제로 구성된 시험을 치릅니다.

처음에 교사는 실험 시작부터 결과가 나오기 전까지만 영상을 보여줍니다. 그리고 학생들에게 단순 암기인 단답형의 시험 결과에 대해 유추하며 짝과 토론하도록 합니다. 제시하는 토론 주제는 ‘어느 공부방의 단답형 성적이 더 높을까?’입니다. 이때 입장은 교사가 정해줍니다. 예를 들어 왼쪽 사람은 ‘조용한 공부방의 단답형 성적이 더 높다’로, 오른쪽 사람은 ‘말하는 공부방의 단답형 성적이 더 높다’로 정해줍니다. 입장을 정해주는 까닭은 이 실험의 결과가 정해져 있기 때문에 스스로 선택한 것이 사실과 다르다는 것을 알게 되면 학생들이 억울할 수도 있기 때문입니다. 이 토론에서 중요한 초점은 근거를 생각해 보는 것입니다. ‘조용한 공부방’과 ‘말하는 공부방’의 공부방법이 단순 암기에 어떤 영향을 줄까를 스스로 근거를 들어 생각하게 합니다.

학생들의 토론 사례

학생1: 나는 ‘조용한 공부방’이 단답형은 더 잘 봤다고 생각해.

학생2: 왜?

학생1: 시끄러우면 집중이 되지 않고, 혼자 하면 더 많이 공부할 수 있어서 그래. 같이 하면 진도가 안 나가잖아.

---

2 2014년 교육대기획 6부작 ‘왜 우리는 대학에 가는가’ 중 5부 말문을 터라에 삽입된 실험 영상

학생2: 나는 '말하는 공부방'이 더 잘 본 것 같아. 왜냐하면 말로 설명하다 보면 귀로 듣고, 말로 하고, 몸짓으로 하니까 여러 방법으로 듣잖아.

학생1: 그렇긴 하지만, 이건 단순한 암기이기 때문에 조용히 혼자 반복해서 공부하는 것이 낫지 않을까?

학생2: 그럴 수도 있지만, 서로 설명하다 보면 반복되는 단어가 나올 텐데 그게 중심 단어라는 소리야. 시험에 나올 확률이 높은 거지.

어느 정도 토론을 하고 나면 학생들이 말한 '조용한 공부방'과 '말하는 공부방'의 장단점을 함께 정리합니다. 그리고 전체적인 실험 결과 영상을 보면서 '말하는 공부방'이 단답형부터 서술형까지 효과적인 학습 방법임을 확인합니다. 서로 가르치고 배우는 공부가 중요한 것을 알게 됩니다.

계속되는 영상 뒷부분에는 또 다른 증거로 러닝 피라미드와 메타인지가 소개됩니다. 그것을 보면서 말하는 공부법이 효과적인 까닭에 대해 좀 더 깊이 생각해 볼 수 있습니다. 이제 짝의 존재가 서로에게 학습의 동반자가 된다는 것을 알게 될 것입니다.

두 번째 주제: 짝과 친해지기

처음 짝과 친해지기 위해서는 게임 형식으로 대화를 나누며 서로를 알아가도록 하는 것이 좋습니다. 다음은 짝과 라포르를 형성하는 게임입니다. 이 짝활동은 처음 만난 사람과도 쉽게 할 수 있는 간단하면서도 분위기를 따뜻하게 하는 게임입니다.

질문-짝-소개 활동 (a.k.a. Five-질문 게임)

이 게임은 질문을 통해 서로를 알아가는 게임입니다. 어쩌면 자신에 대해 알아가는 게임이라고도 할 수 있습니다. 먼저, 가위바위보로 질문만 하는 사람(A)과 대답만 하는 사람(B)을 정합니다. 다음으로 질문만 하기로 한 사람(A)에게는 교사가 질문을 알려줍니다. 질문은 '넌 무엇을 좋아하니?'입니다. 같은 질문을 다섯 번을 하고 대답하는 쪽은 영역이 다른 답을 다섯 번 해야 합니다. 이때 질문자(A)는 대답을 듣고 그와 관련하여 한두 번 더 관련된 질문을 하거나 적절한 반응을 하고 경청하도록 합니다. 아래의 예시를 그대로 읽거나 시범을 보여주며 활동을 안내하면 이해하기 쉽습니다.

예 첫 번째 질문(1라운드)

학생1: 넌 무엇을 좋아하니?

학생2: 난 떡볶이를 좋아해(◯)

학생1: 아, 그래? 나도 좋아하는데....

두 번째 질문(2라운드)

학생1: 넌 무엇을 좋아하니?

학생2: 난 짬뽕을 좋아해(×), 난 농구를 좋아해(◯)

학생1: 농구는 언제부터 했어?

세 번째 질문(3라운드)

학생1: 넌 무엇을 좋아하니?

학생2: 난 오빠를 좋아해(◯)

학생1: 우와, 오빠가 너에게 잘해 주니?

이와 같이 다섯 번의 질문을 다 한 후에는 질문한 사람(A)이 전체에게 짝(B)을 소개합니다. 이때 질문한 내용에서 가장 인상 깊은 것(나와 같은 것, 다른 것, 색다른 것, 동의하지 않는 것 등) 중 하나의 답을 소개하고 왜 그것을 택했는지 까닭도 함께 소개합니다.

예 내 짝 ◯◯◯는 농구를 좋아한다고 했습니다. 이것을 뽑은 이유는 저도 농구를 좋아하기 때문입니다.

다음으로 역할을 서로 바꾸어 위와 같은 방법으로 진행합니다. 이때 질문도 역시 교사가 알려주는데, 예를 들어 '네가 행복할 때는 언제야?'와 같이 첫 번째와 다른 내용의 질문으로 하는 것이 좋습니다. 이때 사용되는 질문으로는 기분이 좋아지는 긍정적인 내용의 질문이 좋습니다.

모든 학생들이 소개를 마치고, 짝의 대답을 생각하며 짝을 나타내는 형용사를 붙여 짝의 이름표를 만들어 줍니다.

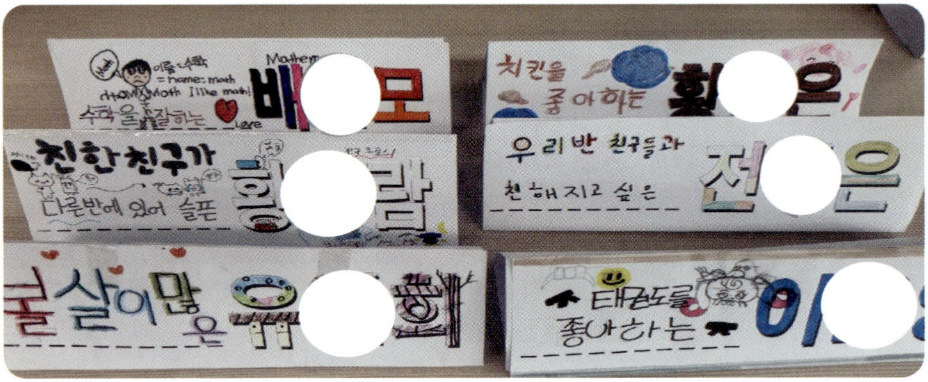

활동으로 학기 초나 첫 시간에 서로의 이름을 알고, 학급 친구들에 대해 알게 됩니다. 질문에 대답을 하는 동안 자신이 좋아하는 것 다섯 가지를 찾는 것도 쉽지 않음을 알게 됩니다. 이런 사실을 통해 자신에 대해 생각보다 잘 알지 못함도 알게 됩니다. 같은 질문에 서로 다른 대답을 하면서 서로의 생각이 다름에 대해 수용하는 자세도 익힐 수 있습니다.

활동에 사용할 질문의 예시

- 네 소원을 말해봐
- 지구를 떠나 다른 행성으로 간다면 무엇을 가져갈래?
- 너는 무엇을 믿니?
- 살면서 고마웠던 순간은?
- 기분 좋은 순간을 말해줄래?
- 남을 위해 할 수 있는 일은 말한다면?

분위기를 올리는 간단한 짝 게임

하브루타를 하기 전에 다음의 게임을 통해 짝과 어색함을 줄이고, 짝활동이 즐거운 것임을 알려줄 수 있습니다. 한 번은 접해 본 적 있는 게임 중 몇 가지를 추려 보았습니다.

• 개성 짝/공감 짝(밸런스 게임)

짜장/짬뽕, 사과/배, 빨강/파랑 등을 ppt에 제시 후 '시작!' 하면 짝과 동시에 외칩니다. 짝과 같은 것을 외치면 '공감 짝', 다른 것을 외치면 '개성 짝'이라고 해줍니다. 몇 가지나 일치하였는지, 몇 가지나 달랐는지를 알아보면서 서로의 같은 점과 다른 점을 이해하고 존중하도록 합니다.

• 참참참!

한 손을 상대의 눈앞에 놓고 '참참참!'을 외치며 손을 짝 앞에서 왼쪽이나 오른쪽을 가리킵니다. 만약에 같은 쪽으로 고개를 돌리면 손으로 지시한 사람이 이기게 되고 계속 진행합니다. 손과 반대로 고개를 돌리면 공격을 바꾸어 진행합니다.

• 럭키 7(0~10까지의 숫자를 외침)

짝과 내가 한 손씩 책상 위에 올려 모두 열 개의 손가락을 같이 폅니다. 선생님이 '럭키~(숫자)!'를 외침과 동시에 각자 한 손의 손가락을 접거나 폅니다. 짝과 내가 편 손가락의 숫자를 더하여 교사가 외친 숫자를 맞히면 점수를 받습니다.

세 번째 주제: 하브루타를 잘 하기 위한 약속하기

돕는 말, 방해하는 말 활동(카드 분류 게임)

짝과 하브루타를 하다 보면 말 한마디에 갈등이 일어나기도 하고, 말 한마디에 즐겁게 대화를 이어갈 수도 있습니다. 그러므로 대화를 방해하는 말을 하지 않는 것이 중요합니다. 이에 몇 가지 예상되는 말을 카드로 만들어 분류해 보는 활동을 준비했습니다. 주어진 낱말 카드를 받아 '대화를 돕는 말'과 '대화를 방해하는 말'을 구별해보면서 왜 그런지 이야기해 보는 활동입니다. 카드에 적을 말의 예시는 학생들이 흔히 하는 말에서 따옵니다.

예시-[그냥, 나도 같은 생각이야, (침묵), 잠깐만 기다려줘, 편하게 말해, 좀 크게 말해줄래?, 좋은 생각이야, 패스, 넌 어떻게 생각해?]

위 카드를 늘어놓고 대화를 돕는 말과 방해하는 말로 분류하고 그 까닭을 짝과 이야기합니다. 충분히 이야기한 후 전체 학생이 교사와 함께 카드를 분류합니다.

대화 예시

학생1: 나는 '그냥/나도 같은 생각이야/(침묵)/잠깐만 기다려줘/패스'가 대화를 방해하는 말이라고 생각해. 이 카드들은 다 하기 싫다는 표현이잖아. 참여하기 싫을 때 하는 말이니까

학생2: 음~ 나는 그 중에 '잠깐 기다려줘'와 '패스'는 돕는 말인 것 같은데? 왜냐하면 생각이 바로 날 때도 있지만 생각이 날 듯 말 듯 할 때는 좀 기다려 달라고 할 수 있잖아. 안 하겠다는 건 아니지. 그리고 선생님이 '패스'도 자신의 생각을 말하는 거라고 하셨고. 침묵보다는 나은 거니까.

학생1: 그럴 수도 있네. 하지만 가능한 '패스'는 좀 안 하는 게 나은 듯.

학생2: 맞아, 나도 같은 생각이야! '패스'는 가능한 안 하는 게 좋을 것 같애. 그런데 지금 내가 쓴 것처럼 '나도 같은 생각이야'도 일단은 그렇게 말하고, 지금처럼 근거나 좀 다른 의견을 덧붙인다면 돕는 말이 되지 않을까?

학생1: 어쩌면 잘 쓰면 돕는 말이고 잘못 쓰면 방해하는 말일까?

학생2: 그래도 '편하게 말해/좀 크게 말해줄래?/좋은 생각이야/ 넌 어떻게 생각해'는 확실히 돕는 말인 게 분명하다. 다른 것들은 때에 따라 잘 써야 되겠네.

이어서 카드를 뒤집어서 펼쳐놓고 각자 3장의 카드를 가져갑니다. 교사가 대화 주제를 주고 그것에 대해 대화하며 가져간 카드의 말을 사용하도록 합니다. 활동이 끝난 후 그 단어를 말했을 때와 들었을 때의 결과와 느낌을 말하도록 합니다.

대화 예시 대화 주제: 여름 더위가 나을까, 겨울 추위가 나을까?

학생1: 나는 겨울 추위가 더 나은 것 같아. 추우면 무조건 껴입으면 되지만 덥다고 다 벗을 수도 없으니까. **넌 어떻게 생각해**?

학생2: **(침묵)**

학생1: **좀 크게 말해줄래**? 잘 안들려서....

학생2: **나도 같은 생각이야**. 여름에는 폭염 때문에 병원에 실려 가거나 죽는 사람들도 많다고 하더라. 추울 때는 집 안에만 있으면 좀 괜찮은데 여름에는 너무 더워서 잠을 못 잘 때도 있잖아?

학생1: **그냥**, 뭐 그럴 수도 있고....

학생2: 그러지 말고 **편하게 말해봐**. 내 의견에 다른 의견이 있어?

학생들의 활동 후기

- 친구가 '그냥'이라고 하거나 침묵할 때 답답했습니다. 제가 그런 말을 했던 모습을 보는 것 같았어요. 대화를 잘 하려면 제 생각을 얼버무리거나 대충 넘어가지 않고 의견을 잘 말해야 된다는 것을 알았습니다.
- 사람들의 생각은 모두 다를 수 있다는 것을 알았고 서로 이해하고 존중해야 된다는 것을 깨달았습니다.
- 같은 말이어도 상황이나 태도에 따라 도움이 되기도 하고 방해가 될 수 있다는 것을 깨달았습니다. 도움이 되는 말을 많이 하고 방해가 되는 말을 안해야겠다고 결심했습니다.

이 활동은 돕는 말과 방해되는 말을 정확하게 구분하여 정답을 찾는 활동이 아닙니다. 상황과 맥락에 따라 대화를 돕는 방향의 말을 사용함으로써 대화하는 중에도 자신의 말을 성찰하라는 의도입니다. 스스로 판단하는 것이 중요하니까요.

하브루타 약속 정하기

학기 초 학급 규칙을 세우는 것처럼 하브루타 할 때의 약속을 정합니다. 이 약속은 하브루타 할 때 지킬 일이기도 하지만 생활지도의 기본을 세워주기도 합니다. 약속 내용은 대화하는 것에 초점을 맞추어 간단하고 기억하기 쉬운 것으로 합니다. 약속은 학생들과 의논하여 정할 수도 있지만 그 내용을 이해하는 대화에 초점을 맞추기 위해 교사가 정하여 알려줍니다. 이어 그 약속 내용에 대해 학생들이 서로 질문하고 대답하는 하브루타를 진행한다면 그 과정에서 학생 스스로 그 약속을 내면화하게 됩니다.

다음과 같이 약속과 질문을 주고 짝대화, 즉 하브루타를 할 수 있습니다.

하브루타 약속

1. 내 생각을 분명하게 말하고 짝의 말을 잘 듣습니다.
2. 틀려도 괜찮으니 용감하게 질문하고 대답합니다.
3. 친구의 배움을 돕습니다.

● **하브루타 3-3-3: 3가지 약속에 대한 3가지 질문을 3분 동안 나눈다**

1. 내 생각을 분명하게 말하고 짝의 말을 잘 듣습니다.
   - 내 생각을 분명히 말하는 것은 왜 중요한가요?
   - 짝의 말을 잘 듣는 방법은 무엇이 있을까요?
   - 분명하게 말한다는 것은 무슨 뜻인가요?
2. 틀려도 괜찮으니 용감하게 질문하고 대답합니다.
   - 틀려도 괜찮다는 것은 무엇이 괜찮다는 뜻인가요?
   - 만약에 틀렸다면 그 다음은 어떻게 해야 하나요?
   - 용감하게 질문하고 대답하는 것이 왜 중요한가요?

3. 친구의 배움을 돕습니다.

- 친구의 배움이란 구체적으로 무엇을 말하는 것일까요?
- 친구의 배움을 도와야 하는 까닭은 무엇인가요?
- 어떻게 친구의 배움을 도울 수 있을까요?

학생 각자의 하브루타 목표 정하기

학급에서 하브루타 약속을 했다면 학생 스스로 자신의 하브루타 목표를 세우는 것이 좋습니다. 목표가 정해지면 잘 보이는 곳에 게시하여 항상 되새길 수 있도록 돕습니다. 이때 예시 문장을 주고 답하게 할 수 있습니다.

"하브루타를 통해 나는 ~~~~사람이 될 것이다"에 맞게 자신의 목표를 정해봅니다.

학생 목표의 예

하브루타를 통해 나는 질문을 잘하는 사람이 될 것이다.
하브루타를 통해 나는 친구의 이야기를 잘 듣고 존중하는 사람이 될 것이다.
하브루타를 통해 나는 내 생각을 분명하게 말하는 사람이 될 것이다.
하브루타를 통해 나는 친구와 즐겁게 대화하는 사람이 될 것이다.
하브루타를 통해 나는 공부를 잘하는 사람이 될 것이다.
하브루타를 통해 나는 용감한 사람이 될 것이다.

PART

02

하브루타로 가는 다섯 계단

havruta

Chapter 1

들어요-생각해요-만나요-나누어요-연결해요

'들어요': 수업의 시작! 본문과 내가 만나는 순간

들어요(읽어요) 단계에서는 마음을 열고 배울 내용을 정확히 이해하여 배경지식을 습득합니다. 수업을 시작하며 마음을 여는 것과 그날 배울 배경지식을 잘 이해하는 중요한 단계입니다.

이 단계의 목적을 교사와 학생의 입장에서 본다면 다음과 같습니다. 교사 입장에서는 수업 자료가 학생에게 어떻게 의미 있는 읽기가 될 수 있을지 예상하고 안내합니다. 학생 입장에서는 선생님이 제시한 자료를 자신의 관심사로 끌어들이게 됩니다. 이어서 배울 자료를 읽거나 보면서 그 내용을 파악합니다.

이 단계에서 주로 사용되는 질문(교사의 발문)은 다음과 같습니다.

- 지난 시간에 배운 것 중 기억나는 것은 무엇인가요?
- 선생님은 이런 일을 겪어 봤는데(요즘 이런 일이 있는데) 여러분 생각은 어떤가요?
- 오늘 배울 내용은 무엇에 관한 것인가요?
- 오늘 배울 내용 중 어려운 것이 있나요?

가르쳤는데 ..... 몰라요~

교사들은 책을 펴고 학생들에게 '오늘 배울 내용은~'이라고 말하며 수업을 시작하곤 합니다. 한참 질문과 대답이 오갔는데 어느 순간 학생들의 눈빛이 멍한 것을 발견합니다. 어떤 학생은 아예 교과서조차 꺼내지 않았거나 엉뚱한 페이지를 펴고 있습니다. 다른 학생은 교사의 눈을 피해 손장난 등으로 다른 세계에 가 있는 모습이 보입니다. 지금까지 선생님과 문답을 주고받은 학생 몇몇만 수업에 참여하고 있었던 것입니다. 때론 이 사실을 수업이 끝나갈 때 깨닫고 당황하기도 합니다. 또는 그날의 주요 활동이 끝나고 학생들의 산출물을 검사하면서 뒤늦게 알게 됩니다. 어쩌면 하루에도 몇 번씩 학생들이 모래알처럼 빠져나가고 있다는 사실을 인식조차 하지 못하고 진행되는 수업들이 많았을지도 모릅니다. 때로는 '학생들의 수업 태도는 모두 학생들의 잘못과 책임이지, 난 할 일을 다 했다.'라고 생각하고 싶기도 할 것입니다.

교사로서 돌이켜 생각해 볼 질문을 떠올려봅니다. '학생들에게 진짜 배움이 일어나는 순간은 언제일까?', '배움이 학생들의 마음에 지진을 일으키고 의심을 하고, 자신의 관심사가 되게 하려면 어떻게 해야 할까?', '우와, 이건 배워야 해.'라든가 '이거 뭐지?'라고 생각하며 배움에 덤벼들게 할 수 있는 방법은 무엇일까?'.

이런 질문을 바탕으로 '들어요' 단계로 들어가 보겠습니다.

간단한 자료로 호기심 자극하기

홍미와 집중을 끌어내며 수업을 시작하기 위해서는 간단한 자료로 시작하는 것이 좋습니다. 학생들의 호기심을 자극하는 간단한 자료로는 그림, 사진, 단어나 문장 등을 활용할 수 있습니다.

그림으로 시작하기

하브루타 수업을 시작하는 초기 단계에 그림 자료를 제시하면 학생들은 홍미롭고 즐겁게 하브루타를 시작할 수 있습니다. 그림을 띄워놓고 궁금한 것을 질문하게 하면 학생들은 쉽게 몰입하게 됩니다. 먼저 그림에서 보이는 것을 낱낱이 찾아보게 합니다. 바로 보이는 것, 구석구석 보이는 것, 익숙한 것이나 생소한 것, 엉뚱한 것 등을 찾아보는 활동입니다. 그렇게 찾은 것을 토대로 자유롭게 질문하도록 합니다.

다음은 3학년과 했던 수업 사례입니다. 빈센트 반 고흐의 '별이 빛나는 밤' 그림을 보여주고 학생들의 질문을 들어보았습니다. 학생들은 그림의 구석구석을 살피며 많은 질문을 쏟아놓는 과정에서 그림 속으로 빨려 들어갔습니다. 서로 다른 질문을 하는 것을 규칙으로 하니 다른 친구의 이야기를 경청하게 되며 더욱 다양한 질문을 얻을 수 있었습니다.

빈센트 반 고흐의 '별이 빛나는 밤'을 보고 만든 학생들의 질문[3]

- 나무가 **왜** 까맣게 됐어요?
- **왜** 하늘에 구름이 빙글빙글 도는 모양이에요?
- **왜** 별이랑 달 주변에 하얀색이 있어요?
- 가운데에 있는 건물은 **왜** 지붕이 뾰족해요?
- 가운데에 있는 까만 것은 나무에요?
- 마을 뒤의 산은 **왜** 구불구불해요?
- **왜** 어떤 집은 불이 켜져 있고 어떤 집은 불이 꺼져 있어요?

그림은 교과서 단원 제시 그림으로도 활동할 수 있습니다. 그림을 보고 질문하는 활동을 할 때마다 몇 가지 공통적인 과정이 관찰되었습니다.

첫 번째, 처음에는 크게 보이는 것부터 질문하기 시작해서 점점 부분적인 것으로 질문이 바뀐다는 것입니다. 어찌나 세세한 것들까지 질문을 하는지 교사가 찾지 못한 것들까지 다 찾아내는 놀라운 경험을 하였고 경쟁하듯 하는 질문하는 과정에 학생들이 몰입한다는 사실도 알게 되었습니다. 교사가 멈추라고 할 때까지 어떻게 해서든 하나라도 더 질문을 하려고 합니다. 만약 교사의 질문에 답을 하라고 했다면 그렇게 오래 집중하지 못했을 것입니다. 이것은 질문 만들기의 힘이라고 할 수 있습니다. 답을 찾는 것은 부담스럽지만 질문만 만드는 것은 쉽기 때문입니다. 굳이 질문에 매번 답을 말하지 않아도 질문을 만들고 듣는 것만으로도 머릿속에서 끊임없이 답이 떠오릅니다. 질문만 발표하는 데도 중얼거리며 계속 답을 하는 학생들을 쉽게 볼 수 있습니다.

3 사진출처: 위키피디아

두 번째, 어떤 그림을 제시해도 학생들은 처음에는 대부분 '왜' 질문을 한다는 것입니다. 그래서 어느 정도 '왜' 질문이 많이 나왔다 싶을 때 학생들에게 '왜'를 빼고 질문해 보라고 하면 질문이 조금 더 다양해집니다. 학생들이 '왜' 질문에서 벗어나기가 생각보다 쉽지 않지만, '이유'나 '까닭'과 같은 대체 단어를 사용하는 것도 표현력을 높여주는 좋은 시도라고 설명하며 예시를 보여줍니다.

'별이 빛나는 밤'을 보고 만든 '왜'를 뺀 질문들

- 여기는 **어디**에요?
- 지금은 **어떤** 계절이에요?
- 지금은 새벽이에요, 저녁이에요?
- 이것을 보고 있는 사람은 **누구**에요?
- 가운데에 있는 까만 것은 **무엇**이에요?

그림을 관찰하고 생각이 충분히 자극되었다면 이어서 자신이 상상한 것을 글로 적는 활동으로 연결할 수 있습니다.

"오늘의 주제는 '그림을 보고 생각나는 이야기를 글로 써보기'입니다. 방금 친구들이 한 질문들에 대한 답을 하면서 자신만의 이야기를 창의적으로 써보세요."

학생들의 질문을 판서하여 모두에게 보여줍니다. 학생들은 신이 나서 자신만의 이야기를 만들어 나갔습니다. 한 학생은 자신이 살고 있던 마을에 별똥별이 떨어지는 날이어서 이것을 지켜보던 사람이 소원을 빌고 있다고 했습니다. 어떤 학생은 마을을 지켜주던 커다란 나무가 한밤중에 까맣게 타 버려서 마을 사람들이 무서워서 불을 켜고 기다리고 있다고 했습니다. 또 다른 학생은 안경을 벗으면 잘 안 보이는 학생이 그림을 그려서 빙글빙글 돌아가는 세상을 그렸다고 했습니다. 독특한 상상으로 그림을 다시 볼 수 있게 만든 수업이었습니다.

발표를 마치고 이 그림은 고흐가 우울증에 걸려 입원한 병원에서 그린 그림이며, 밤 하늘의 별을 보면서 희망을 갖는 마음을 표현했다고 부연 설명을 하여 주면 그림에 대한 감상이 저절로 됩니다.

책 표지나 삽화로 시작하기

책을 처음 읽을 때도 마찬가지입니다. 바로 글로 들어가기보다 표지나 책 속의 일부 삽화를 먼저 살펴보도록 합니다. 표지나 삽화를 보면서 선생님이 질문을 주도하고 학생이 답한다면 몇몇 아이들만 답할 것입니다. 그러나 이를 반대로 해서 표지나 삽화를 보여주고 학생들에게 질문을 하라고 하면 수십 가지의 질문이 나옵니다.

5학년 한 학기 한 권 읽기를 시작하면서 표지를 보여주고 질문하기 활동을 했습니다.

책 표지 보고 만든 학생들의 질문[4]

- 아이들이 왜 공룡을 타고 있어요?
- 이 사람들은 친구일까요?
- 한 명은 남자고 한 명은 여자인가요?
- 몇 살쯤 되었을까요?
- 어디로 가고 있는 걸까요?
- 왜 남학생은 갑옷 같은 걸 입고 있는데 옆의 아이는 평상복을 입고 있어요?
- 여기는 어디인가요?
- 제목의 글씨 모양이 게임에서 보이는 글씨 같은데 여기는 게임 속 세상인가요? 현실 세상인가요?
- '레벨업'이라고 했는데 왜 '마지막'이라고 했을까요?

단지 질문만 했음에도 불구하고 학생들은 머릿속으로 답을 찾는 것을 볼 수 있습니다. 질문 속에 의외로 책의 내용을 암시하는 내용이 담겨 있는 것을 교사는 알 수 있습니다. 10분 정도 하고 나면 학생들은 이제 빨리 책을 읽자고 아우성을 칩니다. 이후 그 책을 읽는 학생들의 몰입도는 말할 필요가 없습니다.

저학년 학생들도 마찬가지입니다. 바로 책을 읽어주면 잘 집중하지 못하는 학

4 「마지막 레벨업」, 윤영주 저, 안성호 그림, 창비(2021).

생들이 있는데 그림책 표지로 질문하기를 하고 나면 빨리 책을 읽고 싶어 안달이 납니다. 이 활동을 하다 보면 책 표지는 우리가 생각한 것보다 많은 내용을 담고 있음을 발견하게 됩니다. 또 책 내용을 읽어주다가 잠시 집중력이 흐트러질 때쯤 글 속 삽화로 질문하기를 한 번 더 하면 다시 집중력이 올라갑니다.

이처럼 그림을 보고 질문하기는 독서뿐 아니라 교과서나 본문의 그림으로 도입하는 단계에 주로 쓰입니다. 그리고 정리나 더 깊은 토의에 그림으로 질문하기를 활용할 수도 있습니다. 삽화들을 보여주고, 책의 내용을 상상해 보는 활동을 한 뒤에 책을 읽으면 내용을 이해하기 쉬워집니다.

학생들의 활동 과정은 다음과 같습니다.

1. 교과서나 책의 표지나 삽화에서 발견할 수 있는 것 찾기
2. 짝과 번갈아 가며 찾은 것을 서로 말하기
3. 그림 보고 서로 질문 던지기
4. 배울 내용 짐작하기

책 속의 삽화를 보고 만든 학생들의 질문	
삽화1	- 여기는 어디에요? - 손에 든 것은 뭐에요? - 게임 기계 같은데, 지금 무슨 생각을 하고 있는 걸까요? - 여기에는 얼마나 자주 갔을까요? - 이 이야기는 미래의 이야기일까요? - 왜 주변 기계는 비어 있고 저 아이만 혼자 있을까요? - 1번 기계는 저 아이 혼자만의 것일까요?
삽화2	- 여자아이가 젤리 같은 괴물 안에 들어가는데 왜 표정이 신나 보일까요? - 저 젤리 괴물은 착한 괴물인가요? - 뒤에 서 있는 남자는 무슨 생각을 하고 있을까요? - 여기는 어디일까요? - 여기가 게임 속 세상이라면 이 둘은 실제로는 어디에 있을까요?
삽화3	- 여기는 게임 세계일까요? 실제 세계일까요? - 아저씨는 착한 사람일까요? 나쁜 사람일까요? - 아저씨는 남자아이를 왜 찾아왔을까요? - 아저씨는 남자아이에게 뭐라고 했을까요? - 지금 남자아이는 위험에 처한 것일까요? - 여기는 게임 속 같은데 아저씨는 왜 양복을 입고 있을까요? - 아저씨의 정체는 뭘까요?

사진으로 시작하기

기존의 생각을 흔드는 한 장의 사진과 교사의 질문으로 시작할 수 있습니다. 이때 궁금증을 증폭시킬 수 있는 의외의 자료와 발문이 중요합니다.

출처: 근정전 앞 일장기, 오마이뉴스

5학년 사회시간에 경복궁에 일장기가 걸린 오래된 흑백 사진을 보여주면서 "여기가 어디일까요?"라고 질문해 보았습니다. 학생들은 일본의 어느 사원이라거나, 우리나라의 일본대사관이라고 답하기도 하였습니다. 하지만 모두 땡! 그러다 한 학생이 우리나라 건물인데 일본 깃발이 걸린 것 아니냐는 대답이 나왔습니다. 일순간 침묵… 이러한 침묵은 오히려 학생들의 마음에 지진이 일어난 순간입니다. "그래요, 맞아요. 우리나라 왕이 머물던 경복궁 앞에 일장기가 걸린 모습입니다. 어떤 생각이 드나요?" 이제 학생들은 일제 강점기에 우리 조상이 겪었던 고난에 대해 학습할 준비가 다 되었습니다.

단어나 간단한 문장으로 시작하기

수업 주제를 한 단어, 또는 한 문장으로 제시합니다. 이와 관련하여 자유롭게 질문하거나 연상 단어를 떠올리며 주제에 대해 몰입하고 예측하게 만들 수 있습니다. 주제를 간접적으로 추측할 수 있는 속담이나 고사성어 등을 활용해도 좋습니다.

5학년 국어 시간에 AI와 관련된 찬반 글을 읽기 전, 'AI'라는 단어를 주고 떠오르는 것을 모두 발표하면서 마인드맵으로 정리해 보았습니다. 그리고 보이는 단어를 이용하여 떠오르는 질문을 써 보도록 하였습니다. 추후 이 질문을 비슷한 것끼리 묶었더니 AI와 관련된 찬반 토론 질문이 나왔고 자연스럽게 토론을 하게 되었습니다. 아래 그림은 학생들이 했던 마인드맵과 그에 따른 토론 질문입니다.

'AI' 하면 떠오르는 단어들을 보고 만든 학생들의 질문

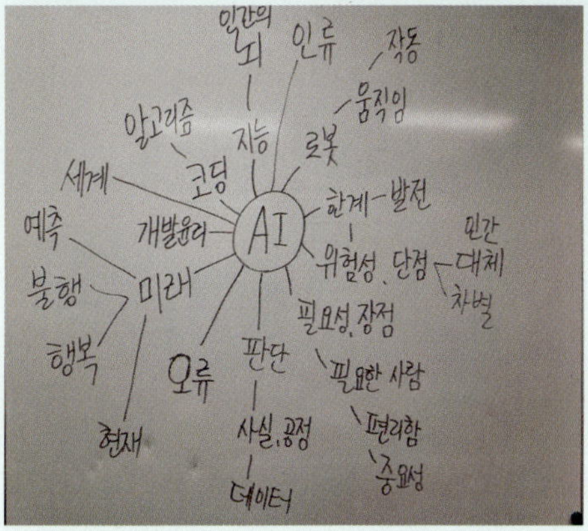

- 인공지능은 어떤 알고리즘으로 작동하는 것일까?
- 인공지능이 부서지면 어떻게 되나요?
- 인공 지능이 위험할 수 있다는 걸 아는데 왜 쓰는 걸까?
- 인공 지능 기술의 개발 속도는 왜 갑자기 빨라졌을까?
- 인공지능이 아무 일이나 다 한다면 인간들은 무슨 일을 해야 할까요?
- 인공지능이 더 발전이 된다면 인류는 행복해질까요, 불행해질까요?

짝과 함께 읽기

'들어요' 단계는 또 다른 말로는 '읽어요'이기도 합니다. 본문을 잘 이해하는 단계입니다. 전체를 대상으로 낭독 후 교사의 발문과 학생의 대답으로 익히던 활동은 정말 학생들이 다 이해했는지 의문이 생깁니다. 그래서 읽는 방법을 다양하게 만들었습니다. 물론 효과는 좋았습니다.

다양한 방법으로 소리 내어 본문 읽기

첫째, 교사와 다 같이 소리 내어 읽기(몸을 흔들며 박자 맞추어 읽기)입니다. 전체 낭독하는 소리가 언제부터인가 사라지고 있습니다. 하지만 아직도 리듬에 맞추며 전체가 낭독하는 것은 좋은 읽기의 방법입니다. 적절히 끊어 읽는 부분을 알 수 있으며 문장의 리듬을 찾을 수 있고 몸의 움직임으로 지루하지 않기 때문입니다.

둘째, 교사와 학생들이 한 문장씩 번갈아 가며 읽기입니다. 교사 대 전체 학생도 좋고, 교사 대 교사가 지명하는 학생도 좋습니다. 이때 중간중간 내용을 질문하고 대답하여 읽은 내용을 짚어갑니다.

셋째, 남학생 대 여학생, 짝끼리, 분단으로 나누어 한 문장씩 번갈아 가며 읽기입니다. 실감 나게 읽지 못하거나 잘 못 읽으면 처음부터 다시 읽기를 시작하는 규칙을 추가해도 좋습니다. 처음 몇 번 다시 시작하면 고도의 집중력이 발휘되는 것을 알게 될 것입니다.

전체가 함께 읽을 때 잊지 말아야 할 것은 중간 중간 교사가 사실을 확인하는 질문을 해야 한다는 것입니다. 그저 소리 내어 읽기만 한다고 그 내용을 충분히 이해할 수 없다는 것은 누구나 잘 아는 사실입니다. 그러므로 첫 두세 쪽까지는 교사가 내용을 확인하는 사실질문을 하면서 학생의 이해를 돕습니다. 이렇게 교사가 시범을 보이면 사실질문을 하는 요령도 알게 되어 뒷부분은 학생 간에 질문하며 내용을 확인할 수 있게 됩니다.

읽기 활동이 끝나면 다시 한 번 본문을 한 문장씩 읽으며 서로 퀴즈를 내면서 '생각해요' 단계로 넘어갈 수 있습니다.

짝끼리 문장 읽고 설명하기

짝과 같이 본문 읽기는 가장 효과적인 읽기 방법입니다. 그 과정은 이렇습니다.

처음에 짝과 돌아가며 한 문장씩 읽습니다. 그 읽은 문장이 무슨 뜻인지 자신이 이해한 대로 설명합니다. 이때 교사는 단어의 뜻 설명하기, 예를 들어 주기, 비슷한 말로 설명하기 등의 방법이 있다고 안내합니다. 짝은 설명을 듣고 이해 안 가는 부분이 있으면 묻고, 그에 대한 대답을 합니다.

사회나 과학처럼 새로운 개념을 알아야 하는 교과에는 교사의 도움이 선제되어야 합니다. 새롭고 어려운 단어가 많아서 학생들이 즉석에서 읽는 것만으로는 이해하기 어려운 내용이 있습니다. 이런 경우에는 미리 주제 영상을 한 번 보면서 선생님이 설명을 간단히 해 준 뒤, 짝끼리 책을 읽고 다시 한 번 설명하게 하여 오개념을 줄여 줍니다. 학생들은 어려움이 있을 때는 언제든지 교사의 도움을 요청할 수 있어야 합니다. 활동 후에는 주요 내용을 이해했는지 교사가 질문으로 확인하는 것이 아주 중요합니다.

짝과 문단 나누어 읽고 설명하기

읽어야 할 본문이 다소 길거나 사회 교과와 같은 정보를 위한 읽기인 경우는 보다 전략적으로 읽을 필요가 있습니다.

책의 일부분을 A, B로 나누어 표기해 주고, 학생들이 번갈아 설명하도록 제시하였습니다. 실제로는 실물화상기에 책을 보여주고 색연필로 여기까지 A, 여기까지 B 이런 식으로 제시합니다.

이 때 한 쪽 전체를 한 학생에게 주면 그림을 설명하지 않고 넘어가기 일쑤입니다. 그러나 교과서의 삽화는 내용을 설명하는 정보가 압축되어 있으므로 삽화까지 잘 살펴볼 수 있도록 부분적으로 나누어 주어 설명하게 하는 것이 좋습니다.

교과서를 나누어 설명하는 예

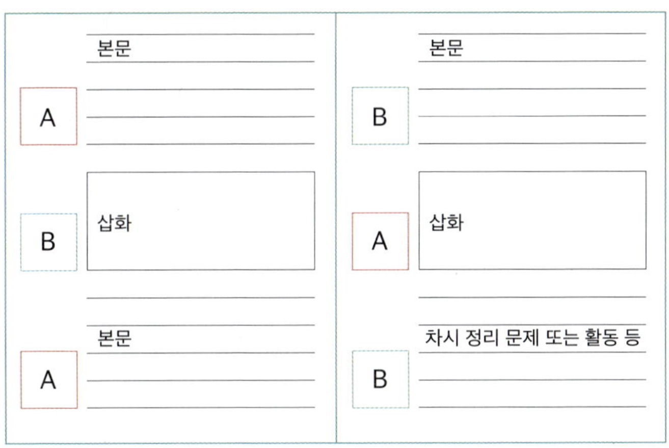

1) 교사는 교과서를 A, B로 나누어 설명할 부분을 알려준다.
2) 학생들은 자신이 맡은 부분을 공부한다. 이때 삽화를 자세히 관찰하여 내용을 확인한다.
3) 짝에게 자신이 맡은 부분을 설명하며 가르쳐 준다.
4) 교사가 정리나 심화학습 활동을 주어 함께 해결하게 하거나 짝과 정리한 내용을 발표하게 하여 공부한 것을 확인한다.

이런 활동은 교과서뿐 아니라 어떤 책에도 적용 가능합니다. 때때로 교사는 읽어야 할 정보를 반씩 나누어 제공합니다. 예를 들어 본문 내용의 앞부분을 짝1이 갖고, 뒷부분을 짝2가 갖습니다. 각자 맡은 부분을 조용히 읽으며 핵심 단어나 문장을 골라 붙임쪽지에 써서 보드에 붙입니다. 붙임쪽지를 보며 짝1은 앞부분을 설명하고 짝2는 뒷부분을 설명합니다. 전체 설명을 말하고 들은 후 둘이 힘을 합쳐 서너 문장으로 전체 내용을 정리합니다. 끝으로 교사는 내용을 확인하고 보충해 줍니다.

짝1이 고른 핵심단어	짝과 함께 만든 문장
위도 / 경도 / 본초자오선 / 적도 짝2가 고른 핵심단어 동경 / 북위 / 아시아 / 반도	1. 위도는 적도를 기준으로 만든 선이야. 2. 경도는 본초자오선을 기준으로 만든 선이야. 3. 우리나라는 동경 124~132도, 북위 33~43도 사이에 있어. 4. 우리나라는 아시아 대륙에 있는 반도 국가야.

짝과 함께 소리 내어 읽기(두꺼운 한 권의 책을 읽을 때)

한 학기 한 권 읽기는 긴 숨으로 학생들에게 하나의 책을 완독하는 것을 목표로 합니다. 함께 읽는 즐거움과 더불어 알아가는 기쁨을 주는 활동입니다. 먼저 원하는 친구와 짝을 정하게 합니다. 짝을 정하기 어려운 학생은 교사가 개입하여 함께 활동합니다. 짝과 한쪽씩 나누어 읽게 합니다. 이때 수업 시간 동안 자신이 가고 싶은 곳에서 자유롭게 읽도록 허락해 줍니다.

그날 정해진 부분까지 번갈아 읽은 뒤에 주요 단어, 생각나는 문장, 또는 사실 질문을 써넣는 활동지를 작성합니다. 활동지를 통해 교사는 학생들이 내용을 잘 이해했는지 확인할 수 있습니다. 활동을 안내할 때 먼저 한쪽을 교사가 읽어주고 활동 예시를 보여주면 활동을 이해하는 데 도움이 됩니다.

자유롭게 장소 선택해서 책 읽기

사실 질문지 작성하여 독서 퀴즈에 활용하기

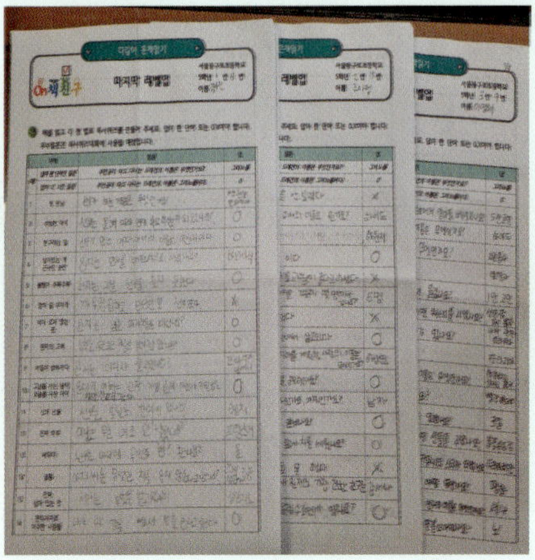

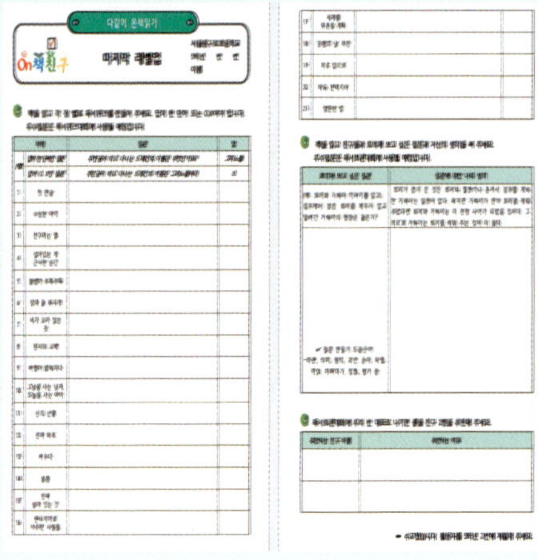

Chapter 2

들어요-생각해요-만나요-나누어요-연결해요

'생각해요': 질문으로 생각을 여는 순간

'생각해요'는 질문을 통하여 탐구할 학습 내용에 대한 깊이 있는 학습의 문을 여는 단계입니다. '들어요'에서 학습자가 읽게 된 본문, 보게 된 영상, 그림, 사진 등의 자료를 접하면서 이번 차시에 학습할 주제와 내용을 이해하고 인지하였습니다. '생각해요'에서는 '들어요'에서 인지한 학습 내용에 질문을 함으로써 보다 깊이 있는 배움으로 들어갑니다. 이 단계에서는 질문 만들기가 핵심입니다. 궁금해진 것이나 생각할 것을 질문으로 만들고, 상대방이 이해할 수 있게 질문 표현을 한 번 더 세심하게 다듬습니다. 그렇게 만든 질문에 대한 나의 생각을 정리하며 짝과 더 깊은 대화를 할 마음의 준비를 하는 것입니다.

내 질문은 쓸데없고 별로야~

4학년 국어 시간 「투발루에게 수영을 가르칠 걸 그랬어![5]」 그림책을 읽고 생각과 느낌을 독서감상문으로 쓰는 활동을 하였습니다. '들어요' 단계에서 책 표지를 유심히 살펴본 후, 이야기의 본문을 소리 내어 짝과 함께 읽었고 저마다 궁금해진 질문들을 자유롭게 써보게 했습니다.

'투발루 섬의 고양이 이름이 투발루인 이유는?', '투발루 섬은 현재 얼마나 가라앉고 있으며 앞으로 어떻게 될까?', '섬에 남겨진 고양이는 어떻게 되었을까?', '작

5 「투발루에게 수영을 가르칠 걸 그랬어!」, 유다정, 미래아이(2008).

가는 왜 고양이 이름을 투발루라고 했을까?'등 여러 가지 질문들이 등장했습니다. 이때 평소 장난기가 많고 청개구리처럼 남다른 발상을 즐기는 우리 반 ○○가 앞으로 나왔습니다.

"선생님! 참 쓸데없고 별로인 것 같은데요, 이런 질문을 쓰면 안 되겠죠?"

"네가 쓸데없고 별로라고 생각하는데, 그런 질문을 쓰면 되겠냐?"

반사적으로 퉁명스럽게 대답하고, 뒤늦게 아차! 싶었던 나는 ○○에게 다시 질문의 내용이 무엇인지 물었습니다. 그 질문은 "섬에 남은 로자의 할아버지 나이는?"이었습니다. 나는 순간 격려와 칭찬의 교육적 효과를 무척 지지하는 선생님 모드로 얼른 돌아가서 즉각적으로 내뱉은 답변을 수습하느라 애썼습니다.

"○○야! 괜찮아. 쓸데없는 질문은 없어. 생각나는 대로 솔직히 쓰면 돼."

하지만 ○○는 안타깝게도 자신의 질문을 발표하지 못했습니다.

학생 스스로 자신의 질문이 쓸데없고 중요해 보이지 않는다고 고민하더라도 교사는 밝게 웃으며 "괜찮아. 너는 지금 이야기에 집중하고 나름대로 생각이라는 걸 한 거야. 너의 머릿속 뇌는 일을 했어. 쓸데없고 중요하지 않은 질문은 없어. 그 질문이 너의 배움에 조금이라도 보탬이 될 거야." 이렇게 자신감을 북돋아 줘야 했습니다. 두고두고 사려 깊지 못했던 나의 말 한마디에 미련이 남습니다.

깊이 있는 학습을 돕는 '질문하기'

질문의 힘은 사고를 촉진하는 데 있다는 것은 이미 잘 알려진 사실입니다. 질문은 하브루타 교육의 근간을 이루는 활동입니다. 생각은 질문을 낳고 그 질문에 답하려면 또 생각을 멈출 수 없게 됩니다. 질문은 '생각해요' 단계에서 본격적으로 그 힘을 발휘하게 될 것입니다. 이 단계에서는 수업의 본 활동으로 깊이 들어가는 탐구 질문을 학생들이 만들고 주요 질문을 간추리거나, 교사가 의도적으로 질문을 제시할 수도 있습니다. 질문의 유형은 사실질문, 심화질문, 적용질문[6] 등의 다양한 형태가 있으며, 학습 활동의 성격에 따라 저마다 유의미하게 학습의 깊이를 더해 줍니다.

---

6 답이 분명한 질문은 사실질문으로, 주어진 맥락을 예측하여 근거를 가지고 다양한 답을 하는 질문은 심화질문으로, 삶에 적용하는 질문은 적용질문으로 구분하도록 합니다. 질문의 종류는 다양하나 하브루타수업연구회에서는 이렇게 분류하여 사용하고 있습니다.

그러므로 '생각해요' 단계에서는 질문 만들기와 다듬기를 차근차근 가르쳐야 합니다. 하지만 어렵지 않습니다. 사람의 머릿속에는 질문이 저절로 떠오르기 때문입니다. 다만 정답이 아니지 않을까 하는 두려움이 그것을 막고 있을 뿐입니다. 학생들은 주제에 관련해서 내용을 듣거나 읽고 그것에 대해 스스로 질문을 만들면서 모르는 것이나 애매한 것을 확실하게 이해하게 됩니다. 처음엔 표현도 어색하고 엉뚱하기도 하지만 그 안에서 정말 하고 싶은 질문을 찾아주는 것이 중요합니다. 처음부터 좋은 질문이 저절로 나오지는 않습니다. 발문을 만드는 교사들이라면 좋은 질문을 만드는 것이 쉽지 않은 것을 알 것입니다. 따라서 별도의 시간을 마련하여 단계적 질문 만들기 학습 훈련이 필요하며 지속적으로 질문에 대한 훈련을 해야 합니다.

질문을 만들 때 교사는 다음의 질문을 제시하여 학생들이 스스로 점검해보도록 돕습니다.

- 궁금한 것이나 생각할 것을 질문으로 만들었나요?
- 내 질문에 스스로 답해 보았나요?
- 상대방이 질문을 잘 이해하고 답할 수 있나요?

질문 만들기 훈련

내용을 이해하는 사실질문 만들기

주제와 내용을 이해하는 사실질문은 배경지식을 익히고 심화질문으로 나아가는 토대가 되는 중요한 질문입니다. 이 과정을 교사의 발문으로 확인하기도 하지만, 가장 확실한 방법은 학생들이 스스로 질문을 만들어 보는 것으로 이해를 높이는 방법입니다. 사실질문은 답이 정확한 질문을 말합니다. 답이 여러 개일 수 있고, 답이 길 수도 있지만 분명히 정답이 존재하며 그것을 찾는 것이 중요한 활동입니다. 사실질문은 본문에서 답을 찾을 수 있는 질문을 말합니다. 내용을 이해했는지에 관한 질문, 즉, 단어나 관용구의 뜻을 묻거나 인과 관계나 사실 관계를 확인하는 질문으로 육하원칙에 따라 질문할 수 있습니다.

학생들이 사실질문을 만들어 봄으로써 정확한 정보를 기억하거나 본문의 내용을 파악하도록 돕습니다. 학생들은 사실 질문으로 이루어진 독서 골든벨, 퀴즈 타임 등의 문제 출제 위원이 되어보면서 교사의 질문에 수동적으로 답하는 존재에서 보다 적극적인 학습자로 참여하게 됩니다. 사실질문 만들기 수업 과정을 실제 사례로 자세히 알려드리겠습니다.

본문을 읽으며 바로 바로 질문하고 답하기

제시된 본문을 읽으며 평서문을 질문으로 바꾸는 활동입니다. 학생들이 돌아가며 문장을 읽고 그 문장에서 정답을 찾을 수 있는 질문을 합니다. 나머지 학생들이 모두 답을 합니다. 익숙해지면 짝활동으로 할 수도 있습니다. 생각보다 많은 집중력을 요하는 활동이기 때문에 너무 긴 본문은 어렵습니다.

평서문을 질문으로 바꾸는 이 활동에서는 질문을 어떻게 만들어야 하는지 지도하는 것이 중요합니다. 다음 단계인 '만나요' 단계에서 짝과 질문을 나누는 것과 다른 점은, 질문을 잘 만들도록 훈련하는 것에 초점이 있다는 것입니다. 교사의 격려와 수정을 통해 학생들이 질문을 잘 만들 수 있도록 돕습니다.

다음은 학생들이 이야기 본문을 차례대로 한 문장씩 소리내어 읽고 바로 질문으로 바꿔보는 예시 활동입니다.

> 자, 그럼! 시작할까. 이 이야기가 끝나면 여러분은 의외로 많은 것을 알게 될 것이다.
> **이 녀석은 아주 성질이 사나운 호브고블린이다. 이 고블린은 아주 사악한 종류의 도깨비요정으로, 사실 악마나 다름없었다. 어느 날 이 악마가 요상한 힘이 있는 거울을 마침내 완성해 기분이 무척 좋았다. 이 거울은 선하거나 아름다운 것을 비추면 쪼그라들어 거의 보이지 않았다.** 반면에 아무짝에 쓸모없고 추한 것은 도드라지면서 훨씬 더 추하게 보였다. 이 거울에서 아름다운 풍경은 끓는 물에 데친 시금치처럼 보이고 아주 선한 사람은 섬뜩해 보이거나 물구나무를 섰다. 얼굴은 알아볼 수 없을 만큼 일그러졌다. 주근깨가 하나 있는 사람이라면 코와 입까지 죄다 주근깨로 뒤덮여 있는 것처럼 보였다.

"아주 웃기는군!"

악마가 말했다. 사람의 마음에 흐르는 선하고 경건한 생각도 이 거울에서는 음흉한 미소로 보였다. **악마는 이 독창적인 발명품에 크게 웃음을 터뜨렸다.**

- 눈의 여왕[6] 첫 번째 이야기(거울과 거울 조각) 중-

이 녀석은 아주 성질이 사나운 호브고블린이다. (본문 문장)

→ 호브고블린은 어떤 녀석인가요? (질문)

⇒ 성질이 사납다 (대답)

이 고블린은 아주 사악한 종류의 도깨비요정으로, 사실 악마나 다름없었다. (본문 문장)

→ 이 고블린은 어떤 종류의 요정인가요? (질문)

⇒ 사악한 종류의 도깨비요정 (대답)

어느 날 이 악마가 요상한 힘이 있는 거울을 마침내 완성해 기분이 무척 좋았다. (본문 문장)

→ 어느 날 이 악마가 기분이 무척 좋은 이유는 무엇인가요? (질문)

⇒ 요상한 힘이 있는 거울을 완성해서. (대답)

이 거울은 선하거나 아름다운 것을 비추면 쪼그라들어 거의 보이지 않았다. (본문 문장)

→ 이 거울에 선하거나 아름다운 것을 비추면 어떻게 되나요? (질문)

⇒ 쪼그라들어 거의 보이지 않았다 (대답)

학생들은 가끔 질문의 표현이 어색하거나, 문장에서 답을 찾을 수 없는 질문을

7 김선희 역(2021, 창작공모전 안데르센명작동화 창작공유물). https://gongu.copyright.or.kr/gongu

하기도 합니다. 또한 자신도 모르게 문장을 읽다가 문득 떠오른 질문 즉, 심화질문(추론질문)을 발표하기도 합니다. 심화질문은 본문에서 답을 찾기 어렵지만 앞뒤 문맥을 통해 짐작해 볼 수 있는 질문입니다. 그러한 경우, 좀 더 생각을 요구하는 질문 즉 심화질문을 잘 만들었기 때문에 사실질문이 아니라고 지적하지 말고 칭찬하며 격려하는 것이 좋습니다.

예 악마는 이 독창적인 발명품에 크게 웃음을 터뜨렸다. (본문 문장)
→ 악마가 독창적인 발명품을 보고 웃음을 터뜨린 이유는 무엇일까? (질문)
⇒ 아름다운 것도 추하고 못생겨보이니까 재미있고 좋아서 (대답)
(앞에서 사악한 요정이라고 했으니 못된 짓을 하고 좋아했을 것 같다)

어떤 것이든 답이 있는 사실질문이라면 대부분 허용합니다. 초반에 학생들은 간단하지만 답하기 어려운 질문을 만들 것입니다. 그러나 대답하다 보면 질문의 표현에 대해 좀 더 전략적으로 나아갈 필요를 느끼게 됩니다. 그런 경우에는 학생들과 본문을 읽으면서 주요 단어를 표시하게 합니다. 그리고 그 단어가 답이 되도록 질문을 만들도록 합니다. 교사가 그 단어나 문장이 들어가도록 질문의 예시를 보여주어 양질의 사실질문, 즉 퀴즈 문제를 출제하도록 유도합니다. 또한 주요 단어가 답이 되도록 예시를 보여주면 질문은 짧고 대답은 어려워지는 상황을 막을 수 있습니다. 짝을 여러 번 바꿔가며 자신이 출제한 문제에 대해 친구들과 서로 묻고 답하면서 학생들은 내용을 이해하게 됩니다.

이처럼 사실질문을 만들고 퀴즈 타임을 갖는 것은 하브루타 초기에 짝과의 대화가 친밀해지고 재미를 느끼는 계기가 됩니다. 또한 본문을 집중해서 읽어야 문제를 잘 풀 수 있으므로 꼼꼼하게 읽는 것의 중요성을 자연스럽게 깨닫게 됩니다. 활동 시간에 따라 질문의 개수를 정해줄 수도 있습니다. 이 때 짝을 바꾸어 가며 다양한 문제를 풀어보게 하면 본문의 내용을 정확하게 이해하게 됩니다. '퀴즈'는 학생들에게 친근하여 게임처럼 여겨지므로 부담 없이 활동하도록 도와줍니다.

육하원칙 질문 중심으로 내용 요약하기

'누가', '언제', '어디서', '무엇을', '어떻게', '왜'의 육하원칙에 따라 형식을 갖춘 사실질문을 만들면 주요 내용을 확인할 수 있습니다. 주로 문학작품의 이야기 줄거리를 파악하는 데 도움이 되며 이러한 사실질문을 바탕으로 내용을 요약하는 활동으로 이어갈 수 있습니다.

5학년 원격수업 사례

5학년 원격수업 사례입니다. 온라인 설문을 활용하여 글을 읽고 질문을 만들어 그 내용을 요약하는 과정입니다. 글을 읽고 사실질문을 육하원칙에 따라 5개 이상 만들라고 했습니다. 학생들의 사실질문을 정리한 후 다음 시간에 그 질문을 중심으로 내용을 확인하고 그것을 요약하도록 하였습니다.

문제) 사실질문을 5개 정도 만들어 보세요. 틀리고 맞고가 없습니다. 하고 싶은 질문을 하면 됩니다. 다음 글을 읽고 사실질문을 만들어 봅시다. 누가, 언제, 어디서, 무엇을, 어떻게, 왜, 단어의 뜻을 묻는 질문입니다. 답을 잘 알 수 있는 쉬운 질문도 좋습니다. 힘내서 파이팅!

"안녕하세요."
"누군데 우리 반을 들여다보니?"
"저 이유석 누난데요."
"유석이 벌써 갔을 텐데."
"혼자요?"
"이런, 유석이가 아직도 누나를 따라다니는구나. 걱정 마라. 2학년이나 된 녀석이 혼자 집에 못 갈까 봐."

나는 고개를 꾸벅 숙이고 얼른 복도 끝으로 걸었다. 가슴이 두근거렸다. 동생을 데리러 왔다고 거짓말을 한 것 같았다. 내 동생 유석이는 나를 따라다닌 적이 없다. 내가 유석이를 따라다닌다. 내가 길을 잘 못 찾는 '길치'라서 그렇다.

"유석아, 누나 잘 데리고 다녀. 조금만 더 같이 다니면 누나도 길을 외울 거야."

오늘 아침에도 엄마는 똑같은 소리를 했다. 나는 3월 2일부터 삼 주째 동생을 따라 학교에 다닌다.

이사를 하는 바람에 학교 가는 길이 바뀌어서 그렇다.

- 「멀쩡한 이유정[7]」 중 -

학생들의 사실질문

- 유석이 누나는 **어디**를 들여다보았나요?
- **누가** 유석이한테 누나랑 같이 다니라고 했나요?
- **언제**부터 유석이 누나는 유석이를 따라다녔나요?
- **왜** 유석이 누나는 유석이를 따라다녔나요?
- 길치가 **무슨 뜻**인가요?
- 유석이 누나는 3월2일부터 **몇 주**를 유석이 따라 학교를 가고 있나요?
- **무엇**을 하는 바람에 학교 가는 길이 바뀌어서 그렇다고 했나요?

학생들과 함께 정리한 요약

길을 잘 모르는 길치인 유석이 누나는 2학년 남동생 유석이를 따라 집에 가곤 하는데 유석이가 먼저 갔다는 선생님의 말씀에 당황한다. 이사를 온 지 삼 주 되었는데도 길을 모르는 누나를 위해 엄마는 누나를 잘 데려오라고 매일 당부하곤 했지만 오늘은 유석이가 먼저 가 버렸기 때문이다.

8 「멀쩡한 이유정」, 유은실 글·변영미 그림, 푸른숲주니어(2008).

깊고 넓게 생각하는 심화질문 만들기

심화질문은 자유롭게 다양한 답을 생각하면서 사고의 확장을 돕는 추론 질문입니다. 인물의 감정이나 생각을 묻는 질문, 보다 깊은 원인 분석을 위한 '왜' 질문, 단순한 가정을 묻는 '만약에' 질문, 다음에 일어날 일을 상상하거나 예측하는 질문, 다양한 생각이나 입장을 묻는 토의 질문, 글의 중심 생각을 묻는 질문 등이 있습니다. 심화질문은 앞뒤 맥락을 통해 추측이 가능해서 널리 이해를 구할 수 있는 보편적인 생각들, 말과 글로 드러나지 않았지만 예측해 볼 수 있는 숨은 의미, 열린 결말과 가능성을 폭넓게 이야기할 수 있도록 도와줍니다.

학생들이 만든 다양한 심화질문들을 비슷한 내용끼리 유목화하고, 좀 더 구체적인 질문 표현으로 다듬어 대표 질문을 선정한 후 토의 토론학습으로 이어갈 수 있습니다. 또한 다음에 일어날 일을 상상하거나 예측해보면서 심화질문을 통해 뒤에 이어질 이야기를 보다 자연스러운 흐름으로 꾸며 쓰는 데도 도움이 됩니다.

그림을 보고 심화질문 만들고 이야기 꾸며 쓰기

「구름공항[9]」은 처음부터 끝까지 글자가 없는 그림으로만 구성되어 보는 이에 따라 다양한 상상의 이야기를 떠올려보기에 좋은 그림책입니다. 책에 수록된 그림 중에서 6개의 장면을 선택하고 순서에 상관없이 번호를 매겨서 학생들에게 제시했습니다. 이야기 꾸며 쓰기를 하기 전에 주어진 그림 각각을 자세히 관찰하면서 궁금해진 질문들을 만들었습니다. 이야기를 모르는 경우 학생들이 만들게 되는 질문들은 대부분 추론 위주의 심화질문입니다. 이러한 심화질문은 답을 상상하는 대로 자기만의 이야기를 만들 수 있게 합니다. 학생들의 생각을 작동시켜서 막연하게 꾸며 쓰려던 이야기를 구체적으로 전개시키고 그림 속의 중요한 단서를 놓치지 않고 이야기의 소재로 활용하도록 돕습니다.

---

9 「구름공항」, 데이비드 위스너, 시공주니어(2017).

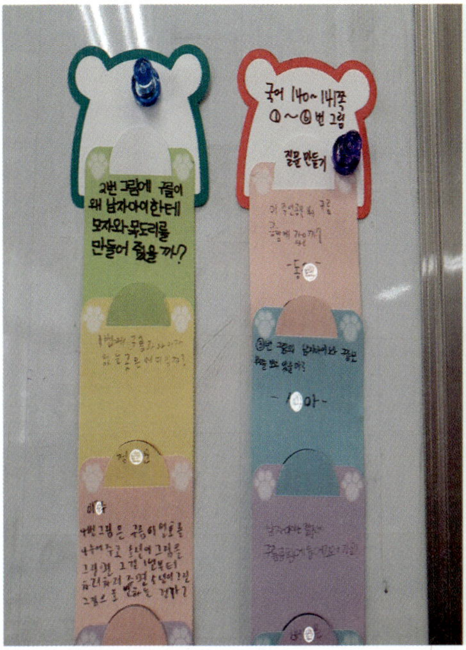

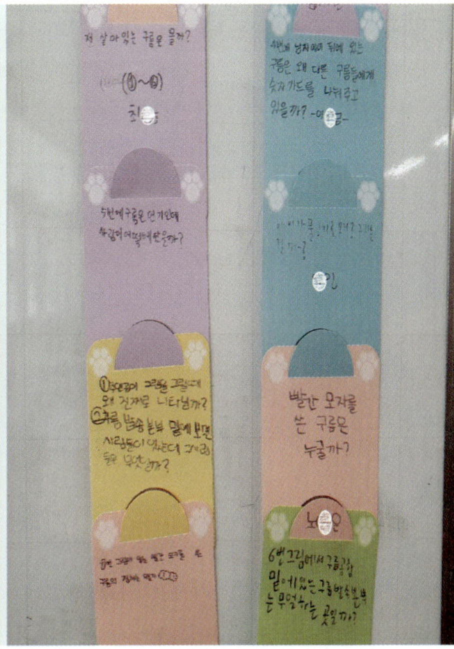

↑그림을 보고 만든 학생 질문들 ↓각 장면별 학생 질문

(장면 1) 구름과 아이가 있는 곳은 **어디**일까요?
남자 아이는 어쩌다가 눈, 입이 있는 구름을 만났을까?
그림에 있는 빨간 모자를 쓴 구름의 정체는 뭘까?
(장면 2) 구름이 **왜** 남자아이한테 모자와 목도리를 만들어줬을까?
(장면 3) 남자아이와 구름은 **무엇을** 보고 있을까?
주인공은 왜 그림을 들고 있을까?
(장면 4) 남자아이 뒤에 있는 구름은 **왜** 다른 구름들에게 숫자카드를 나눠주고 있을까?
구름이 번호를 나누어주고 소년이 그림을 그리면 그걸 1번부터 차례차례 주면 소년이 그린 그림으로 변하는 건가?
아이가 물고기를 왜 그리는 걸까?
(장면 5) 구름은 연기인데 사람이 어떻게 탔을까? 아이가 물고기를 왜 그리는 걸까?
(장면 6) 구름 밑에 있는 구름발송본부는 무얼 하는 곳일까?
구름발송본부 밑에 보면 사람들이 있는데 그 사람들은 무엇일까?
이 주인공은 왜 구름공항에 갔을까?
남자 아이는 결국에 구름공항에 들어갔나요?

질문을 바탕으로 상상한 이야기의 예

어느 날 계단 앞에서 한 소년이 빨간 모자, 장갑, 목도리를 맨 구름을 만났어요. 구름은 "안녕! 나는 구름 요정이야. 그냥 구름이라고 불러줘."라고 말했어요. 소년이 "나는 너처럼 하늘에 가보고 싶어. 작년부터 소원이 생겼어."라고 하자 구름은 이렇게 말했어요. "그래? 그럼 구름 공항에 데려가 줄게. 너무 겁먹지말고 내 몸 위에 타" 소년에게 구름으로 만든 모자와 목도리를 주었어요. 그러자 소년은 몸이 가벼워져서 구름이랑 하늘로 떠올랐어요. 구름 공항에 도착하자 소년은 너무 놀랐어요. '와. 생각보다 진짜 크구나.' 구름 공항 안에 들어가보니 구름발송본부가 있었어요. 거기에서 수많은 구름들이 만들어지고 있었어요. 구름 요정은 소년을 소개시켜주었지요. 소년은 구름 공항에 와서 구름을 만나는 것이 너무 신기하고 기뻤어요. 그래서 물고기 그림을 그려주었어요. 왜냐하면 그림을 아주 잘 그리거든요. 한 구름이 그림처럼 물고기 모양으로 변신을 했어요. 그러자, 다른 구름들도 그림을 그려달라고 졸랐어요. 구름요정은 줄을 서라고 하면서 번호표를 주었어요. 소년은 바쁘게 그림을 그렸답니다. 그 뒤로 엄청나게 인기가 많아져서 구름 공항에서 그림을 그려주는 일을 했어요.

토의토론 할 대표질문 선정하기

심화 질문은 학생들이 가진 다양한 관점과 생각을 들을 수 있기 때문에 토의토론학습으로 연결하기 좋습니다. '들어요' 단계에서 제시된 공통의 문제 인식과 내용 이해의 과정을 거친 후, 학생 개개인이 학급 친구들과 함께 나누고 싶은 질문을 만듭니다. 그리고 짝 · 모둠 · 학급 전체 활동을 거쳐서 토의 토론하기 좋은 대표질문을 선정합니다. 대표질문을 선정하려면 짝 대화, 모둠 대화, 전체 대화를 통해서 질문을 만든 의도 설명하기, 질문의 전달력을 높이는 질문 다듬기, 좋은 질문을 선택하는 민주적인 협의 과정이 중요해집니다.

질문이 있는 서울형 토론모형[10]의 2단계 '토론질문 정하기'는 바로 이러한 질문 만들기의 과정을 거쳐 이루어지는 수업 활동입니다.

---

10 2021 질문이 있는 서울형토론모형 2.0 리플릿(웹용), 서울시교육청, 2021

토론 질문 정하기

● 토론 질문 정하기	▶ 토론을 위한 개인 질문 만들기
● 모둠 토론 질문 정하기	▶ 모둠원에게 개인 토론 질문 설명하기 ▶ 모둠 토론 질문 정하기
● 학급 토론 질문 정하기	▶ 모둠 토론 질문 설명하기 ▶ 학급 토론 질문 정하기 ▶ 학급 토론 질문에 대한 의견 쓰기

다음은 「까칠수염 보건선생님11」 제2장 '안 본 눈 삽니다'를 읽고 내용을 파악한 후, 각자 질문을 만들고, 대표 질문을 선정하는 과정을 간략하게 소개합니다. 각자 궁금해진 심화질문을 만들고 2명씩 짝이 되어 서로 묻고 답하기를 했습니다.

1. 토론을 위한 개인 질문 만들기
2. 1:1 대화 짝과 함께 토론 질문 1~2개 선택하기
3. 모둠 친구들에게 선택한 토론 질문 설명하기
4. 모둠 토론 질문 정하기
5. 모둠 토론 질문 설명하기
   (이 질문은 ~을 물어보는 질문입니다. 이 질문을 선택한 이유는 ~ 입니다.)
6. 모둠토론 질문 중에서 가장 이야기 나누고 싶은 학급토론 질문 뽑기

모둠 토론 질문

- 교감선생님이 뭘 보고 '안 본 눈 삽니다'라고 생각했을까?
- 교감선생님보다 보건선생님이 2배 더 크다고 했습니다. 그럼 무엇을 먹었길래 이렇게나 클까요?
- 교장선생님이 조웅희 선생님께 왜 수염을 꼭 깎으라고 한 걸까?
- 교장선생님은 왜 보건선생님을 싫어할까?

11 「까칠 수염 보건 선생님」, 안수민 글 · 신은경 그림, 봄개울(2023).

- 왜 사람들은 보건선생님이 여자선생님이어야 한다고 편견이 있을까?
- 보건선생님은 침대가 있는 칸막이 뒤에서 무엇을 했을까?
- 조웅희 선생님은 어떻게해서 보건선생님이 되었을까?

학급 토론 질문

- 왜 사람들은 보건선생님이 여자선생님이어야 한다고 편견이 있을까?

학급토론을 위한 대표질문을 선정할 때, 학생들에게 선택의 자율권을 맡긴다면 교사의 의도와 달리 학습 주제와 관련성이 높지 않고 다소 엉뚱한 질문이 뽑힐 수도 있습니다. 그런 경우, 교사는 선정된 토의 질문으로 계속 끌어가야 할지, 다소 방향을 전환시켜서 교사의 개입이 필요할지 고민을 하게 됩니다. 이런 고민을 해결할 두 가지 방법을 안내합니다.

첫째는 학생들의 질문을 만들고 그 중 학생이 하고 싶은 토론질문을 제출합니다. 교사는 그 중 심화질문으로 괜찮은 것을 몇 개 선정해서 다음 차시에 제시하고 그중에서 대표 토의질문을 뽑도록 합니다. 그렇게 몇 번 하게 된다면 학생들이 어떤 질문이 좋은 질문인지 판단하는 능력을 갖게 됩니다.

둘째로 토의의 가치가 적거나 엉뚱한 질문을 그대로 토의합니다. 그런 후, 그 결과에 대해 의미가 있었는지 따져보며 주제와 전혀 다른 엉뚱한 방향으로 가게 된 과정에 대해 성찰하게 합니다. 하지만 이 방법은 교사가 답을 가지고 접근한다면 실망하게 될 수도 있습니다. 따라서 고학년에 비해 3~4학년 정도의 중학년은 교사가 질문 선정에 좀 더 개입하고 학급 토의 질문의 방향을 정해주며 도와주는 것이 더 바람직합니다.

누구나 답할 수 있는 질문으로 다듬기

학생들이 궁금한 것을 질문으로 만들 때 첫 질문 표현은 생각보다 매끄럽지 않고 생략된 표현들이 있어서 상대방이 이해하기 어려운 경우가 많습니다. 즉, 질문을 만든 본인의 이해에서 끝나지 않고, 질문을 듣고 대답해야 할 상대방이 잘 이해하고 충분한 대답을 할 수 있도록 질문을 다듬는 과정이 매우 중요합니다.

질문을 다듬을 때는 그 질문을 처음 들은 사람도 대답이 가능한지 미리 예상해 보면 도움이 됩니다. 뜻을 전달할 낱말을 정확하게 사용하고, 그러한 질문이 나오게 된 상황을 질문에 밝혀주면 좋습니다. 되도록 질문자 자신의 일방적인 생각이나 판단은 빼고 객관적인 표현으로 바꾸어 질문을 수정합니다. 교사가 학생들에게 첫 질문이 다듬어지는 과정과 결과를 직관적으로 시범지도하면서 질문 다듬기 방법을 안내할 수 있습니다. 질문에 해당하는 대상과 상황을 명확히 하고, 모호하거나 구체적이지 않은 표현을 찾아 수정 보완하면서 질문을 다듬어갑니다. 다음은 학생들과 질문을 다듬은 과정입니다. 아래 사례를 통해 교사의 도움 질문을 확인해 보시기 바랍니다.

첫 번째 사례

(첫 질문) 사람들은 왜 찬성과 반대가 생겼나요?

학생들은 이렇게 간단하게 질문을 만들기 쉽습니다. 이 질문은 수업하는 당사자들은 알 수 있을지 모르지만 아주 많은 내용이 생략되어 있습니다. 그러므로 '사람들은 누구인지', '무엇에 대한 찬성과 반대인지'를 구체화하는 과정이 필요합니다. 교사가 발문으로 질문 수정 과정을 돕습니다.

교사: 무엇에 대해 사람들이 그렇다는 거지?

학생: 자원을 개발하는 것에 대해서요.

▶ 1차 수정

교사: 자원을 개발하는 것에 대해서 사람들은 왜 찬성과 반대가 생겼나요?

교사: '왜' 대신에 쓸 수 있는 보다 구체적인 표현은 없을까?

학생: '어떻게', '어떤 이유로', '어떤 생각으로' 등이 있습니다.

▶ 2차 수정

교사: 자원을 개발하는 것에 대해서 사람들은 어떤 이유로 찬성과 반대가 생겼나요?

교사: '생겼나요?'를 바꿀 수 있는 말은 없을까? 뭔가 생겼다는 것이 좀 어색하지 않아요?

학생: '나뉘었나요?', '다를까요?', '주장할까요?'로 바꾸면 좋겠습니다.

▶ 최종 수정

교사: '자원을 개발하는 것에 대해서 사람들은 어떤 이유로 찬성과 반대로 나뉘어 주장하나요?'로 정하겠습니다.

두 번째 사례

(첫 질문) 처음 본 친구에게 친해지고 싶은 인사말에는 무엇이 있을까?

교사: 처음 본 친구는 어떤 친구일까요?

학생: 이름과 얼굴은 알지만 어색한 친구라고 생각했습니다.

▶ 수정된 질문

교사: '이름과 얼굴은 알지만 어색한 친구에게 다가가기 위해 할 수 있는 인사말은 무엇이 있을까?' 로 하면 좋겠습니다.

세 번째 사례

(첫 질문) 게임으로 건강이 나빠지거나 중독이 걸릴 가능성은 없는지요?

교사: 게임은 구체적으로 어떤 것인가요?

학생: 컴퓨터 게임입니다.

교사: 컴퓨터 게임은 컴퓨터로 하는 게임만을 말하나요?

학생: 아니요, 폰으로도 할 수 있는 인터넷 게임입니다.

교사: 언제 하기에 건강이 나빠지고 중독이 될까요?

학생: 쉬는 시간에도 계속하는 것을 말합니다.

▶ 수정된 질문

교사: '쉬는 시간에도 인터넷 게임을 계속한다면 건강이 나빠지거나 중독될 가능성은 없을까요?'로 나타낼까요?

학생: 네, 좋습니다.

네 번째 사례

(첫 질문) 왜 어른들은 아이들을 무시할까요?

교사: 이 질문을 구체적으로 설명해줄래요?

학생: 아, 아이들에게는 어른을 존경하라고 해서 예의 바르게 대하는데요, 어른들은 우리를 어리다고 무시합니다. 의견도 안 듣고요.

교사: 아이들은 어른을 존경하는데 어른은 아이들을 무시한다는 것인가요?

학생: 네, 맞아요. 어리다고...

▶ 수정된 질문

교사: '아이들은 어른들을 존중하는데 왜 어른들은 어리다는 이유로 아이들을 무시하실 때가 있을까요?'로 정하면 좋겠죠?

현실적으로 학습할 때마다 매번 위의 과정처럼 질문을 다듬는 시간과 노력을 기울이기는 어렵습니다. 이러한 질문 다듬기는 여러 질문 가운데 대표 질문을 선정하여 전체적인 토의·토론학습으로 이어갈 때 필수적인 사전 과정입니다. 또한 상대방의 이해를 전제로 문답 대화를 이어가는 하브루타 교육에서 기본적으로 요구되는 역량입니다. 따라서 몇 차례 질문을 다듬는 훈련을 통해서 학생들이 질문의 전달력을 높이기 위한 노력을 게을리하지 않도록 일깨워 주어야 합니다. 세심하게 다듬어진 질문 표현은 학생들을 깊은 생각의 문으로 쉽게 들어가도록 돕는 지름길과 같기 때문입니다.

학생들에게 질문을 만들라고 하면 사실질문, 심화질문, 적용질문의 구분 없이 만들게 됩니다. 이 질문들을 분류하도록 지도할 수 있습니다. 답이 분명한 질문은 사실질문으로, 답이 다양하여 일정하지 않지만 근거를 가지고 답하는 질문은 심화질문으로, 삶에 적용하는 질문은 적용질문으로 구분하도록 합니다. 적용질문은 '연결해요'의 단계에서 다루겠습니다.

질문의 유형 한 번 더 훑어보기

주어진 환경과 학습의 관련성을 보여주는 유명한 벼룩실험[12]에 대해 들어본 적이 있나요? 벼룩은 놀랍게도 자신의 몸길이의 200배까지 점프가 가능하다고 합니다. 이러한 벼룩들을 3일간 실험용 유리병 안에 가두어 놓고 움직임을 관찰한 실험입니다. 이 실험 영상을 시청한 후, 6학년 학생들에게 생각한 바를 질문으로 떠올려 보도록 했습니다. 이렇게 수집된 학생들의 질문들을 위에서 언급한 질문의 3가지 유형에 따라 분류하고, 연계가 가능한 학습을 한 번 더 정리해 보았습니다.

유형	학생들의 질문	연계 학습
사실 질문	• 이 실험에 사용한 도구는 무엇인가? • 벼룩은 어떻게 자기 몸의 400배나 높이 뛸 수 있을까? • 뚜껑을 닫았을 때 벼룩은 어떻게 했을까? • 실험자는 유리판을 치웠을 때 어떤 결과가 올 거라고 예상했을까?	퀴즈타임
심화 질문	• 벼룩은 왜 정해진 높이로만 뛸까? • 왜 벼룩은 뚜껑이 열렸어도 나가지 않았을까? • 벼룩은 뚜껑이 닫혔을 때 어떤 기분이었을까? • 벼룩이 400배나 뛸 수 있는데 마지막에 나오지 못했다면 환경에 적응한 것인가? 능력이 퇴화한 것인가? • 실험한 컵이 벼룩이 뛸 수 있는 높이보다 높았다면? • 벼룩의 수가 더 많았다면 달라졌을까? • 계속 뚜껑을 열어놓았다면 벼룩은 다시 탈출할 수 있을까?	토의토론

12 미국, Luise Rosschild의 실험(1949).

적용 질문	• 내가 벼룩이라면 나의 능력은 무엇이며 그것을 막는 유리판은 무엇일까? • 만약 유리판이 우리나라의 편견과 억압이라면 그런 편견이 없어져도 변함없이 살아갈까? • 그 유리판이 현실(공부)이라면 벼룩의 심정은 어떨까? • 내가 저런 컵에 갇혀 아직 발휘하지 못한 능력은 무엇일까? • 세상이 컵에 갇혀서 발전하지 못한다면 우리는 저 뚜껑을 없애기 위해 무엇을 해야 할까? • 우리가 벼룩이라면 뚜껑에 닿지 않게 뛰는 행동은 무엇일까?	에세이 쓰기 토의토론

사실질문은 정확한 이해를 바탕으로 배경지식을 활성화시킵니다. 심화질문은 객관적인 관점으로 주어진 상황과 인물의 입장에 대해 추론하고 상상하며 깊이 토의하도록 이끌어 줍니다. 그리고 적용질문은 우리의 삶에 대입하여 성찰의 메타인지를 높이고 세상과의 관계 맺기를 돕습니다. 이러한 질문들이 필요에 따라 기계적으로 유형별로 만들어져 나오는 것은 아닙니다. 학습 활동을 하다 보면 다양한 질문들이 종합적으로 모이고, 그 질문들을 유형별로 분류하면 대부분 위의 3가지 유형으로 분류할 수 있다는 뜻입니다. 따라서 질문의 유형과 개념을 명확하게 지도할 필요는 없습니다. 오히려 학생들의 생각 흐름에 따라 만들어진 질문들을 모아서 나중에 분류해 나가면, 자연스럽게 사실질문, 심화질문, 적용질문의 유형과 특징을 체득하게 됩니다.

Chapter 3

들어요-생각해요-만나요-나누어요-연결해요

'만나요': 서로의 생각이 만나는 순간

'만나요' 단계는 하브루타의 가장 핵심인 짝과 배움을 나누는 과정입니다. 이 단계의 목적은 짝과 잘 만나는 것입니다. '생각해요'에서 떠오른 질문을 통해 생긴 나의 생각을 이 과정에서는 짝과 나누고 다듬습니다. 이 단계를 통해 경청과 함께 자신의 생각을 정확하게 표현하여 짝이 잘 듣는 경험을 하게 됩니다. 서로 잘 대화하며 소통하는 것은 수업뿐만 아니라 일상의 생활지도에도 필수적인 훈련입니다. 서로의 생각과 지식을 바탕으로 친구와 대화를 이어가는 것이 생각보다 쉽지 않은 것은 수업 중에 그런 기회가 적었기 때문일 것입니다. 시끄러운 과정이 불편하여 수업 중에는 학생 간의 대화보다는 발문-거수-발표가 더 일반적이기 때문입니다.

이 단계에서 주로 사용되는 질문은 다음과 같습니다. 이 질문을 예시로 보여주어 대화를 도울 수 있습니다.

- 네 생각은 무엇이야?
- 그렇게 생각한 까닭을 말해줄래?
- 또 다른 생각은 없을까?
- 입장을 바꾸어 생각해볼래?

내 질문에 대답도 안 하고 무시해요!

6학년 도덕 수업의 한 장면으로 들어가 봅니다. '내 삶의 주인은 누구인가?'라는 문장으로 각자 질문을 만들고 짝과 자신의 질문을 나누고 답을 하기로 하였습니다. 그런데 짝끼리 서로 다투는 상황이 있어 개입하게 되었습니다.

학생 1: 선생님, 얘가 질문을 이상하게 해요.

학생 2: 아니에요. 질문을 하는데 계속 무슨 말인지 모르겠다며 대답을 안 하고 무시해요.

그래서 문제가 되는 질문을 살펴보았습니다. 질문은 지나치게 간단한 문장으로 되어 질문의 뜻이나 의도를 전혀 알 수 없었습니다. 질문을 만든 학생에게 어떤 것을 묻고 싶은 것인지 교사인 내가 서너 번을 묻고 물어 비로소 명확한 문장으로 다듬어줄 수 있었습니다. 그제야 묻고 답하는 활동이 진행될 수 있었습니다. 한편으로는 답하는 친구가 질문하는 친구의 의도나 뜻에 대해 좀 더 자세히 물으려는 자세가 있었다면 하는 아쉬움도 들었습니다.

질문을 주고받으라고 학생들에게 활동할 기회를 주기 전에 반드시 해야 할 것이 짝과의 만남, 그리고 대화하는 방법에 대한 훈련입니다. 그 과정에 대해 차근차근 풀어보겠습니다.

친구 가르치기로 만나기

짝대화의 도달점을 분명하게 알려주되 간단한 활동으로 시작합니다. 서로 아는 내용을 가르쳐주는 것으로 서로가 서로에게 배움을 주는 즐거움과 책임을 느끼도록 하는 것이 중요합니다.

간단한 문장을 서로에게 가르쳐주기

당연히 아는 문장 같지만, 자신의 말로 설명하는 과정에서 더 많은 생각과 표현을 고민하게 됩니다. 서로 가르치기 좋은 짧은 문장으로는 속담이나 시, 명언, 영화의 대사 같은 것이 있습니다. 다음은 실제 사례를 중심으로 활동을 소개하겠습니다.

예를 들어 짧은 문장 '말이 서툴다고 생각마저 서툴다고 생각하면 안 돼요'를 보여줍니다. 이 문장이 무슨 뜻인지 짝에게 설명하도록 합니다. 그러자 학생들은 어떻게 설명할지 당황합니다. 그래서 우선은 짝을 어린 동생으로 여기고 설명해

주라고 말해줍니다. 즉, 말뜻을 모른다고 생각하고 설명하도록 설명자의 자세를 알려줍니다. 이어서 보다 자세한 방법으로 비슷한 말로 바꾸어 말하기, 단어의 뜻 설명하기, 벌어진 상황을 설명하여 이해시키기, 문장을 끊어서 설명하기와 같은 요령을 알려줍니다. 이어서 이 문장을 말한 사람의 의도, 즉 진짜로 하고 싶은 말이 무엇인지를 서로 생각해보는 것으로 마무리합니다.

학생들의 대화 예시

A: (주어진 문장을 읽는다) 말이 서툴다고 생각마저 서툴다고 생각하면 안 돼요. (동생에게 하듯이 친절하게) 자, 내가 설명해줄게. 말이 서툴다는 것은 말을 잘 못 하는 거야. (비슷한 말로 바꾸기) 서툴다는 뜻은 매끄럽게 잘 못 하는 거거든.

B: (단어의 뜻 설명하기) 이번에는 내가 설명해 볼게. 말이 서툴다는 것은 아마도 표현을 잘 못 하거나 말을 더듬는 것 같아. 그러면 듣는 사람이 답답하겠지? 그래도 그 사람이 생각도 못 한다고 지레짐작하면 안 된다는 거야.

A와 B의 결론: 말이나 표현이 매끄럽지 못하거나 더듬거려도 끝까지 잘 들어주라는 것 같습니다.

서로 가르치기는 평소 수업에서 지난 시간 배운 내용을 기억하게 하여 핵심 개념을 확인함으로써 이미 배운 것을 확인하고 다음 내용으로 나아갈 수 있습니다. 예를 들어 사회나 과학 수업에서 지난 시간 배운 내용 중 핵심 단어를 제시하고 짝에게 서로 설명하는 것으로 수업의 도입을 하는 것입니다. 설명이 잘 안 되는 부분만 보충하고 바로 다음 단계로 나아갈 수 있습니다.

선생님의 말 그대로 따라 가르치기(수학)

수학에서 친구 가르치기를 활용하는 방법은 간단하면서도 학습에 효과적입니다. 학생들은 배울 내용을 서로 설명하면서 확실하게 익힐 수 있습니다. 저학년도 고학년과 같이 쉽게 할 수 있는 방법입니다.

교사가 먼저 칠판에 배울 내용, 예를 들어 계산의 풀이 과정을 설명합니다. 이때 조금씩 끊어서 천천히 설명합니다. 교사가 끊어 설명한 만큼 바로 이어서 짝에게 설명하도록 합니다. 풀이 과정 설명이 끝나면 비슷한 문제를 짝끼리 설명하며 풀도록 합니다. 설명하다 막히면 언제든지 선생님께 도움을 요청합니다. 이 방법은 학생들이 배운 것을 정확히 알아 자신감을 높이는 가장 확실한 방법입니다. 또한 설명하면서 모르는 것을 알아채는 메타인지 습관을 기르는 데도 효과적입니다.

대화를 돕는 도구 활용하기

대화가 자연스럽고도 집중력 있게 이어지기 위해서는 몇 가지 도구들이 유용합니다. 다음은 하브루타를 하면서 하브루타수업연구회에서 적용하고 정리한 도구들입니다. 보통 학생들에게 질문과 답을 하라고 하면 질문 읽고 상대가 대답하고는 "다했어요!"를 빠르게 외치고 끝납니다. 이 때 교사는 학생들이 대화를 이어갈 수 있는 유용한 장치를 함으로써 대화가 이어지는 것을 도울 수 있었습니다.

대화를 이어가는 시나리오

주제나 질문을 만든 후 하브루타를 하는 과정에서 학생들은 질문-답만 하고는 더 이상 대화하지 않는 경우가 많습니다. 아마도 교사의 발문 후 학생의 대답과 교사의 반응이나 평가로 이루어진 수업에 익숙하거나 질문에 정답만 말해온 까닭일 것입니다. 하브루타는 그 정답조차도 더욱 확실하게 알게 하며 나아가 대화를 통해 서로의 생각을 더 깊이 더 넓게 알도록 돕습니다. 그래서 대화가 중요합니다. 그 도움의 장치로 대화 시나리오를 활용하도록 합니다.

대화 시나리오

A: *(자신의 심화질문을 읽는다.)* 이 질문에서 묻고 싶은 것은 ~이야. *(질문의 의도를 설명하기)*
B야, 너는 이 질문에 대해 어떻게 생각해?

B: 내 생각에 그것은 ~ 때문인 것 같아.

A: 아, 그래? 나는 ~ 라고 생각했어. *(조금이라도 다른 의견을 내기)*

B: 그런데(그렇다면) ~는 왜 그런 것일까? / ~게 생각할 수도 있을 것 같아.

- A가 B의 대답에 따른 후속 질문을 하면서 더 깊게, 다양하게 생각해보기
- 더 이상 이야기가 없으면 B가 질문을 시작하고 위 과정을 반복함.

활동 사례

학생1: 하얀 거짓말을 하는 것이 과연 좋을까요? 이 질문에서 묻고 싶은 것은 하얀 거짓말이 어떨 때는 좋지만, 안 좋을 때도 있다고 생각해서 안 좋을 때는 언제인지 알고 싶어서야.
00야, 너는 이 질문에 대해 어떻게 생각해?

학생2: 내 생각에 그것은 마음에 진심이냐 아니냐에 따라 다른 것 같아. 너무 영혼이 없는 말은 듣는 사람도 별로 좋아하지 않겠지?

학생1: 아, 그래? 나는 습관적으로 하얀 거짓말을 하는 사람은 아부하는 것 같아서 그럴 때는 효과가 없는 것 같더라.

학생2: 그런데... 그렇다고 아까 그림책의 주인공처럼 느낀 대로 솔직하게 말하는 것은 아주머니를 화나게 했잖아?

학생1: 맞아. 그래서 가끔 마음에도 없는 소리를 해야 하지. 거짓말은 괴롭지만, 사회생활을 잘 하는 방법이긴 해.

학생2: '하얀 거짓말은 사회생활을 위해 필요하지만, 너무 지나친 것은 안 좋다'가 우리의 결론이네.

짝대화의 마중물 표현으로 대화 지속하기

짝대화를 할 때 적절한 지지와 경청을 표현하는 것은 아주 중요합니다. 하지만 구체적으로 어떤 말을 할지 모르기 때문에 '맞아, 우와, 좋아'와 같은 단순한 표현만 반복하기도 합니다. 어떤 표현을 할지 구체적으로 알려주는 것은 대화를 이어나가면서 더 깊은 이해로 가는 데 중요한 역할을 합니다. 아래의 표현을 인쇄해서 주고 적절한 표현을 찾아서 대화에 활용하도록 합니다. 처음에는 자료를 보고 말하지만 자주 활용하면 보지 않고도 어떤 표현을 해야 하는지 익숙해지게 됩니다.

지지하고 반영하기	그래, 그렇구나. / 맞아, 나도 그래. 네가 설명해주니 이해가 잘 된다. 네가 ~라고 했는데, 왜 그런 생각을 했어? 요점은 ~같은데 맞아? / 그러니까 네 말은 ~라는 거지? 여기 본문의 ~ 부분이 네 의견을 뒷받침해 주는 것 같아.
관심을 갖고 자세히 묻기	그렇게 생각한 까닭은 뭐야? 네가 방금 말한 내용은 잘 이해가 안 가는데 다시 한번 설명해 줄 수 있어? 네가 말한 것을 뒷받침하는 예를 들어 줄 수 있어? 본문에 ~라고 되어 있는데, 너의 ~라는 말과 연결해서 다시 말해줄 수 있어? 본문의 어느 부분이 그 말을 뒷받침하는 거라고 생각해? 나는 생각이 좀 다른데, 본문의 ~ 부분을 보면 ~라고 생각할 수 있지 않을까?

적절한 개입으로 '만나요' 돕기

짝과의 하브루타를 잘하기 위해 교사의 적절한 개입과 지도가 중요합니다. 짝에 대해 불편함을 느끼는 학생들의 문제와 질문이나 대화를 어떻게 할지 막연해 하는 학생들의 문제에 대해 몇 가지 실행했던 해결 방안을 안내합니다.

짝대화(하브루타)의 걸림돌 제거하기

짝대화에서 몇 가지 예상되는 문제를 Q & A로 알려드립니다.

Q) 짝대화에 참여하지 않으려는 학생이 있어 어려움이 예상됩니다.

A) 어려움이 예상되는 팀에 직접 개입해서 대화하시면 됩니다. 4인 모둠보다 돌아볼 팀들이 두 배나 되니 교사의 손이 더 많이 가는 것 같지만, 실제로는 그렇지 않습니다. 모둠 활동과 달리 짝활동은 무임승차자가 없기 때문입니다. 곤란이 예상되는 학생들 몇몇만 교사가 개입하면 되기 때문에 오히려 지도하기에 더 수월합니다. 하브루타가 잘 안 되는 경우는 교사가 짝이 되어 시범을 보이는 것이 효과적입니다. 경우에 따라 학급의 인원이 홀수인 경우는 교사가 어려움이 있는 친구와 짝을 하며 개별 지도하면 됩니다. 교사와 하브루타를 한 학생은 그 방법을 알게 되어 이후 적극적으로 참여하게 되는 것을 확인할 수 있습니다.

예 첫 수업에서 눈에 띄는 학생이 있었습니다. 한 마디로 교사에게 반항적인 태도를 보이는 학생이었습니다. 수업 첫 만남에서 보인 그런 태도에 반응을 보이지 않고 계획된 수업을 진행하였습니다. '들어요'에서 주제를 설명하고, '만나요'에서 짝을 정하며 "넌 내 짝이다."라고 했습니다. 아마도 뜨끔했을 것입니다. 저와 둘이 이야기해야 하니까요. 막상 짝이 되어 이야기를 나누니 생각이 깊은 친구였으며 저에게 아까의 태도를 사과했습니다. 이후의 대화는 아주 잘 이어져갔구요.

Q) 마음에 맞는 짝이 아니라고 불평하거나 짝 활동을 지루해합니다.

A) 이런 문제는 짝을 자주 바꿔 주기로 해결할 수 있습니다. 짝활동에서 짝에 대한 감정은 하브루타의 성패를 좌우한다 해도 과언이 아닙니다. 하지만 언제나 마음에 맞는 짝을 만날 수는 없습니다. 하브루타 시간을 1~2분 정도를 주고 한쪽의 짝을 뒤로 이동하게 하면 마음에 안 맞은 짝과도 2분 정도면 다시 바뀌기 때문에 비교적 잘 활동할 수 있습니다. 필자는 학생들에게 '짝은 감정을 나누는 데이트 상대가 아닌 생각을 나누는 학습의 비즈니스 관계이며 나와 잘 안 맞는 짝은 내 생각의 폭을 넓혀 준다'고 설득합니다. 또 '잘 맞는 짝과는 만남의 즐거움을 주지만 서로의 생각이 비슷해서 생각이 넓어지지는 않을 수 있다'고 알려줍니다. 그럼 잘 알아듣고 활동을 합니다.

Q) 학생들이 무엇을 해야 할지 이해하지 못하고 시간만 흘려보냅니다.

A) 이런 상황은 활동 안내가 충분하지 않아서 학생들이 이해하지 못한 데 원인이 있습니다. 그러므로 교사는 짝대화의 주제를 분명히 알려주고 활동 후 전체와 공유할 명확한 결과물을 알려주어야 합니다. 예를 들어 서로의 생각을 잘 듣고 한 문장으로 정리해서 발표하기 또는 짝과 나의 생각을 공책에 정리하기처럼 형식을 알려주는 것이 도움이 됩니다. 짝대화 시나리오를 따라 제시된 문장을 읽으면서 짝대화의 과정을 차츰 익히게 됩니다.

예 학생의 주장하는 글을 듣고 토의 질문에 대한 자신의 생각을 적고, 서로 하브루타 한 후 짝의 생각을 공책에 기록하라고 하였습니다.

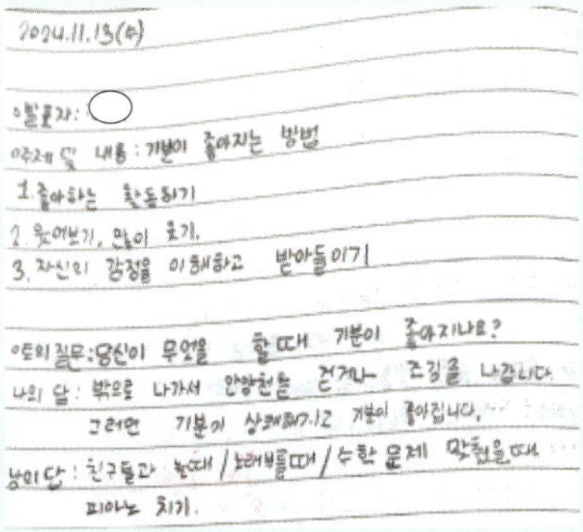	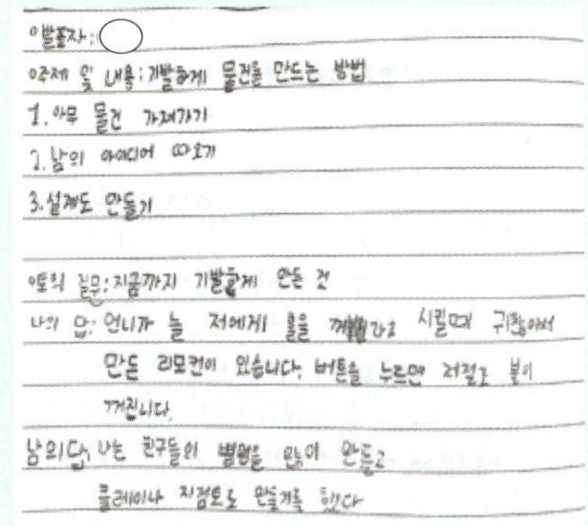
발표자: 000 **주제 및 내용**: 기분이 좋아지는 방법 1. 좋아하는 활동하기 2. 웃어보기, 많이 웃기 3. 자신의 감정을 이해하고 받아들이기 **토의질문**: 당신이 무엇을 할 때 기분이 좋아지나요? **나의 답**: 밖으로 나가서 안양천을 걷거나 조깅을 나갑니다. 그러면 기분이 상쾌해지고 기분이 좋아집니다. **남의 답**: 친구들과 놀 때/노래 부를 때/수학 문제 맞혔을 때/피아노치기	**발표자**: *** **주제 및 내용**: 기발하게 물건 만드는 법 1. 아무 물건 가져가기 2. 남의 아이디어 따오기 3. 설계도 만들기 **토의질문**: 지금까지 기발하게 만든 것은? **나의 답**: 언니가 늘 저에게 불을 끄라고 시킬 때 귀찮아서 만든 리모컨이 있다. 버튼을 누르면 저절로 불이 꺼진다. **남의 답**: 나는 친구들의 별명을 많이 만들고 클레이나 지점토로 만들기를 했다.

✤ 교사와 전체가 짝이 되어 하브루타 시범 보이기

교사와 전체 학생이 서로 짝이 되어 하브루타를 하는 두 가지 방법을 소개합니다.

첫째, 교사와 학생이 번갈아 질문 배틀을 할 수 있습니다. 교사 대 학생이므로 교사를 상대로 학생들은 아무나 대답할 수 있습니다. 질문이나 대화가 막히는 쪽이 지는 게임입니다. 교사를 이기고 싶어서 학생들은 게임에 적극적으로 참여합니다. 이때 학생들 전원이 골고루 발표할 수 있도록 1인당 발표횟수를 제한합니다. 다만, 옆의 친구에게 가르쳐주는 것은 허용합니다. 그러면 적극적인 친구들이 소극적인 친구를 부추겨 참여하게 하도록 서로 돕습니다. 교사인 저도 지기 싫어서 학생들처럼 억지의 질문이나 대답을 하며 함께 웃기도 합니다. 그런 과정에서 질문이 만만해집니다.

둘째, 한 명의 학생과 교사가 짝이 되어 전체 앞에서 시범을 보이는 것입니다. 하브루타를 하는 모습을 보여주며 어떻게 대화하는지 알려줍니다. 이렇게 시범을 보이다 보면 짝이 된 학생이 엉뚱한 질문이나 대화를 할 때도 있고 교사가 막힐 때도 있습니다. 그럴 때 대화 도움말로 빠져나오거나 왜 그런 말을 하게 되었는지 차근차근 되물어보는 상황도 보여줄 수 있습니다. 교사가 언제나 좋은 모습만 보이는 것보다는 실수하거나 수정하는 모습을 통해 훨씬 여유롭게 대화하는 것을 알려줍니다.

교사 - 학생 질문 배틀 사례

6학년 도덕 1단원 '내 삶의 주인은 바로 나'의 첫 차시 수업이었습니다. 학생들과 단원명을 가지고 질문 만들기 대결을 하였습니다.

교사: 주인은 어떤 권리를 가질까?

학생1: 내 삶의 주인은 나일까?

교사: 내 삶의 주인이라는 것은 무슨 뜻일까?

학생2: 엄마가 내 삶의 주인이 아닐까?

교사: 엄마가 삶의 주인이라고 생각하는 까닭은 뭘까?

학생3: 아빠가 내 삶의 주인은 아닐까?

교사: 가족 중에 내 삶의 주인이 있다면 어떻게 될까?

학생4: 내가 삶의 주인이라면 학원에 안 가도 될까?

교사: 내가 하고 싶은 대로 하는 것이 주인이라는 뜻일까?

학생5: 선생님은 삶의 주인으로 사시나요?

교사: 어른이라고 마음대로 살 수 있을까?

Chapter 4

들어요–생각해요–만나요 –나누어요–연결해요

'나누어요': 나의 지평이 넓어지는 순간

'나누어요'는 서로의 생각을 나누고 평가하는 과정에서 내 생각을 정리하여 표현할 수 있는 단계입니다. 삶으로 연결하는 '연결해요'로 넘어가기 전 자신의 생각을 보다 확실하게 점검할 수 있습니다. 즉, 짝 또는 모둠과 나눈 내용을 전체가 함께 공유하고 자신의 생각을 수정 보완하여 내면화하는 과정이라고 할 수 있습니다. '나누어요' 단계는 짝대화에서 확실해진 자신의 생각이 또 다른 짝이나 전체를 만나 서로의 지평을 더 넓히는 경험을 할 수 있습니다.

'나누어요' 단계에서 주로 사용되는 질문은 다음과 같습니다.

- 우리 팀과 같거나 다른 의견은 무엇인가요?
- 나눔을 통해 새롭게 알게 된 것은 무엇인가요?
- 나눔을 통해 더 알고 싶은 것은 무엇인가요?
- 배운 내용을 어떻게 표현해서 알릴 수 있을까요?

친구들이 앞에서 다 말했어요!

'나누어요'는 짝과 나눈 대화를 발표하고 듣는 단계입니다. 돌아가며 발표하기로 전체를 다 발표한다면 끝까지 집중하기 어려운 순간을 만나게 되고 교사의 잔소리가 더해집니다. 비슷한 의견을 되풀이해서 듣기도 하기 때문입니다.

"저는 발표할 게 없는데요?", "재랑 똑같습니다.", "얘들아, 집중!"

이런 당황스런 순간을 마주하다 보면 교사는 짝활동의 내용을 공유하는 것에 대한 부담감과 발표가 매끄럽지 못한 학생들의 피드백 등으로 쩔쩔매기도 합니다. 학생들은 자신과 관계가 없는 순간을 참기 어려워하기 때문입니다. 어떻게 하면 의미 있는 발표와 도움이 되는 경청이 될까요?

'나누어요' 단계를 잘 하기 위해서 첫째, 짝대화로 알게 된 결과를 잘 표현하는 방법과 둘째, 짝대화를 모둠활동으로, 모둠활동을 전체 활동으로 연결하는 공유의 방법을 안내하고자 합니다.

하브루타 후 정리하여 표현하기

다양한 방법으로 생각과 배움을 정리하기

하브루타를 진행한 후에 자신의 생각을 정리해보는 활동입니다. 결과를 작성해 봄으로써 자신의 주장과 근거를 명확하게 정리해 보고, 글로 자신의 생각을 표현하는 연습을 할 수 있습니다.

평소 생각해보지 않은 다른 입장에서 생각하는 기회를 갖고, 다양한 각도에서 문제를 바라보며 창의적으로 문제를 해결하려는 자세를 갖습니다. 평소에 자신이 가지고 있던 생각은 아니지만, 논쟁에서 나온 주장과 근거의 타당성을 확인하여 객관적 입장에서 자신의 언어로 정리합니다. 그리고 정리한 내용을 발표함으로써 발표 능력을 신장시킵니다. 발표를 통해 어떤 부분을 어떻게 강조해야 하는지, 다른 사람에게 설득력 있게 말하기 위해서는 어떤 방법을 사용해야 하는지 등을 성찰하며 더 나은 발표 능력을 기를 수 있습니다. 학생들의 지혜나 경험의 수준과 정도에 따라 하브루타의 결과는 다양하게 나올 수 있습니다. 자신이 속하지 않은 짝(모둠) 이외의 다른 친구들의 결과 내용을 들음으로써 다양한 주장과 근거에 대해 자연스럽게 학습할 수 있습니다.

- 학생들은 공책 정리를 하면서 알게 된 내용을 스스로 자기 언어로 기록한다.
- 씽킹맵이나 마인드맵 등 다양한 방법으로 학년에 맞게 기록한다.

- 정리한 것을 친구들에게 서로 가르쳐주기를 한다.
- 생활 속에서 어떻게 실천할 것인지 기록한 후 친구에게 선언하는 말을 한다.

포토 스탠딩으로 생각과 배움을 정리하기

포토 스탠딩(photo standing)은 사진이나 잡지를 활용하여 주제에 대해 자연스럽게 이야기할 수 있습니다. 배움에 대한 중요 개념이나 내용을 정리하는 데 사진이나 그림이 매개가 되어 풍부하게 생각을 정리할 수 있습니다. 한 장의 사진을 보면서 다양하게 해석할 수 있어서 창의적으로 생각해 볼 기회를 제공할 수 있습니다.

한 문장으로 배운 내용을 정리하여 모둠 발표나 배움을 종합적으로 표현합니다. 그 문장에 사진을 더한다면 학생들의 생각이 더 풍부해지기도 하고 한눈에 보이기도 합니다. 다음은 저축에 대해 배운 학생들의 포토스탠딩입니다.

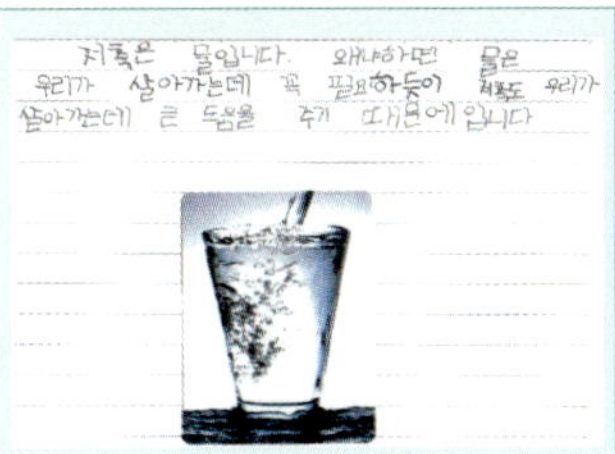	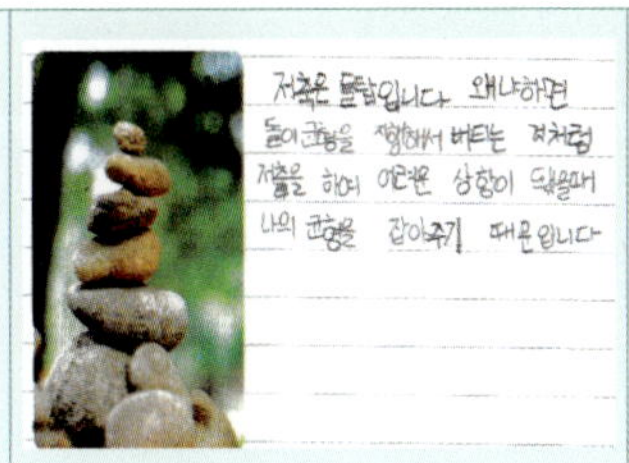	
저축은 물입니다. 왜냐하면 물은 우리가 살아가는 데 꼭 필요하듯이 저축도 우리가 살아가는데 큰 도움을 주기 때문입니다.	저축은 돌탑입니다. 왜냐하면 돌이 균형을 지탱해서 버티는 것처럼 저축을 하여 어려운 상황이 됐을 때 나의 균형을 잡아주기 때문입니다.	내가 생각하는 저축은 선물이다. 왜냐하면 저축을 하면 계속 돈이 모아지니까 지금은 몰라도 나중에 그 돈이 나한테 와서 선물 받은 것처럼 기분 좋게 하기 때문이다.

다섯 글자로 정리하는 신속 마무리

학생들과 하브루타 수업을 하다 보면 단위 시간에 쫓기곤 합니다. 대화의 물꼬가 트여 한창 몰입하고 있는 학생들을 환기 시켜 수업을 매듭지어야 할 때 당황스럽습니다. 그렇다고 공유와 성찰의 단계를 생략하고 무르익은 대화를 지켜보며 수업을 마무리하기에는 아쉬움이 남습니다.

이때 학생들에게 오늘 배움을 다섯 글자(또는 열 글자)로 표현해 보도록 제안해

보면 좋습니다. 배움과 성찰에 대한 핵심 단어, 느낌, 감사 등 다양한 말로 수업 소감을 드러낼 것입니다. 짧지만 뚝심 있는 학생들의 피드백이 다음 수업을 쌓아가는 버팀목이 되어 줄 것입니다.

저축이라는 주제로 수업을 마치고 다섯 글자 마무리를 통해 아이들은 '나먼저실천', '저축왕도전', '용돈모을까', '사먹지말자', '현질은그만' 등과 같이 이야기하였습니다. 그날 주제를 함축적으로 나타내었고, 자신의 삶과 연결한 것도 확인할 수 있었습니다. 교사는 주제와 동떨어진 표현을 확인하고 피드백할 수 있습니다. 물론, 글자 수는 교사가 그때그때 정할 수 있습니다.

짝-모둠-전체로 나누기

피라미드 토론으로 의견 수렴하기

피라미드 토론은 각자의 생각에서 출발하여 전체 학급 학생들의 의견을 자연스럽게 하나로 모으는 방법입니다. '나의 생각→1:1 토론→2:2 토론→4:4 토론' 등을 거치면서 다양한 의견을 단계적으로 줄이고, 마지막에 하나의 의견을 도출합니다. 문제에 대한 여러 가지 해결 방안 중에 우선순위를 정할 때나 학급에서 지켜야 할 규칙이나 협의안을 도출할 때 효과적인 토론 방식입니다. 이때 브레인라이팅(Brain Writing) 으로 아이디어 창출 기법을 활용하면 말하거나 토론에 소극적인 학생도 팀을 이루어 자연스럽게 능동적으로 참여할 수 있습니다. 또한 한 명도 소외되는 학생 없이 학급 전체의 의견을 수렴할 수 있다는 장점이 있습니다. 토론을 진행할 때 활동지나 포스트잇을 사용할 수 있습니다. 다음은 구체적인 수업 진행 과정입니다.

수업이 끝나면 학생들에게 각자 오늘 배운 내용 중에서 가장 중요한 내용을 세 개씩 적습니다. 그리고 세 개 내용 각각을 '왜냐하면'과 '예컨대'로 그 내용을 선정한 이유와 근거, 사례와 증거를 설명하도록 합니다. 각자 중요한 내용을 세 개씩 적는 것부터가 훌륭한 토론 연습이라고 할 수 있습니다. 배운 많은 내용 중에서 가장 중요한 것 세 가지를 적으려면 중요한 내용과 덜 중요한 내용을 구분할 줄 알아야 합니다. 결과적으로 수업에 집중할 수밖에 없고, 수업 내용을 듣고 중요한 것 세 가지를 골라내면서 판단력이 향상됩니다.

이후의 과정은 기본적인 피라미드 토론 방식과 동일합니다. 먼저 두 명씩 짝을 지어 1대 1로 토론을 합니다. 수업 내용 중에서 중요한 것 세 가지를 합의하는 토론이다 보니 겹치는 내용도 꽤 있을 수 있습니다. 하지만 겹치는 내용이 많다고 걱정할 것은 없습니다. 한두 개는 겹칠 수 있어도 세 개 모두 겹치는 경우는 극히 드물기 때문입니다. 설령 세 개 모두 겹친다고 해도 각자 그것을 중요한 내용으로 선택한 이유와 근거, 사례와 증거는 다를 수 있으므로 '왜냐하면'과 '예컨대'로 설명하면 됩니다.

이렇게 피라미드 토론을 하다보면 서로 다른 의견을 설득하면서 합의를 도출하게 됩니다. 설득과 합의 과정을 연습하면서 합리적으로 의견 수렴을 할 수 있습니다.

P.M.I 기법으로 토론하기

PMI는 주어진 주제에 대하여 긍정적인 면과 부정적인 면, 흥미로운 점을 토론해 보고 이를 종합하여 주제에 대한 결론을 이끌어내는 토론입니다. 주제에 대하여 다양한 관점을 가지고 토론함으로써 사고의 융통성과 유창성을 자극하고 나아가 이를 종합하여 결론을 도출하는 과정에서 학생들의 비판적 사고력 및 창의력을 신장할 수 있도록 돕습니다. P(긍적적), M(부정적), I(창의적) 인 관점에서 충분히 토론한 후 각각의 관점을 가지고 결론을 지을 수 있습니다.

사례: 아낌없이 주는 나무의 사랑 방법은 바람직하다

학생들과 셸 실버스타인의 「아낌없이 주는 나무[13]」를 함께 소리 내어 읽었습니다. 그리고 16칸 빙고판을 만들어 책을 읽고 생각나는 단어를 쓰게 하였습니다. 내가 쓴 단어가 정답이 되도록 사실 질문을 하면서 X 빙고가 되면 이기는 것입니다. 빙고 놀이를 하면서 책 내용을 충분히 알아차린 후 심화질문을 포스트잇에 쓰게 하였습니다. 피라미드 토론을 통해 모둠별로 질문을 하나씩 선택하여 PMI를 전개하였습니다. 그리고 다 함께 생각을 머물러 보기 위해서 '나무의 사랑 방법은 바람

13 「아낌없이 주는 나무」, 쉘 실버스타인, 시공주니어(2017).

직하다'에 대한 논제를 가지고 토론을 하였습니다. 아이들이 일련의 배움의 과정을 정리하고 성찰하면서 스스로 생각이 크고 있음을 확인할 수 있었습니다.

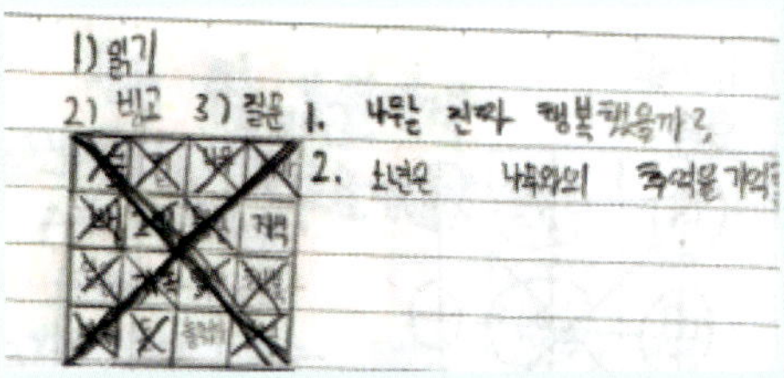

숲	사과	나무	집
배	그네	밑동	소년
그늘	가족	세월	행복
왕관	돈	슬펐다	세월

<심화질문>
나무는 진짜 행복했을까?
소년은 나무와의 추억을 기억할까?

빙고 놀이

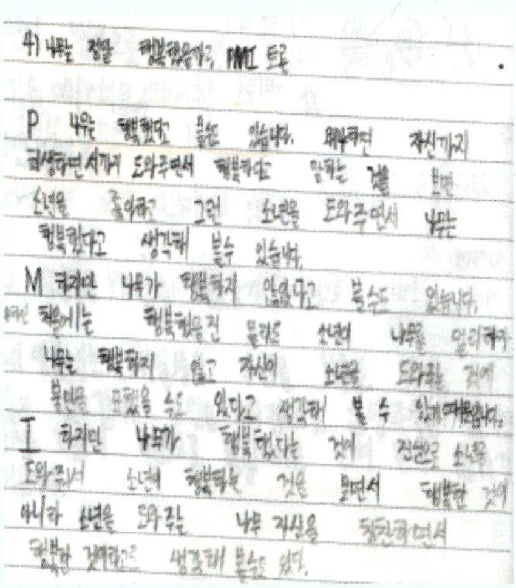

<나무는 정말 행복했을까? PMI토론>

P: 나무는 행복했다고 볼 수 있습니다. 왜냐하면 자신까지 희생하면서까지 도와주면서 행복하다고 말하는 것을 보면 소년을 좋아하고 그런 소년을 도와주면서 나무는 행복했다고 생각할 수 있습니다.

M: 하지만 나무가 행복하지 않았다고 볼 수 있습니다. 왜냐하면 처음에는 행복했을지 몰라도 소년이 나무를 멀리하자 나무는 행복하지 않았고 자신이 소년을 도와주는 것에 불만을 표현했다고 생각되기 때문입니다.

I: 하지만 나무가 행복한 것이 진심으로 소년을 도와줘서 소년이 행복했던 것이 아니라 소년을 도와주는 나무 자신을 칭찬하면서 행복한 것이라고 생각합니다.

PMI 토론

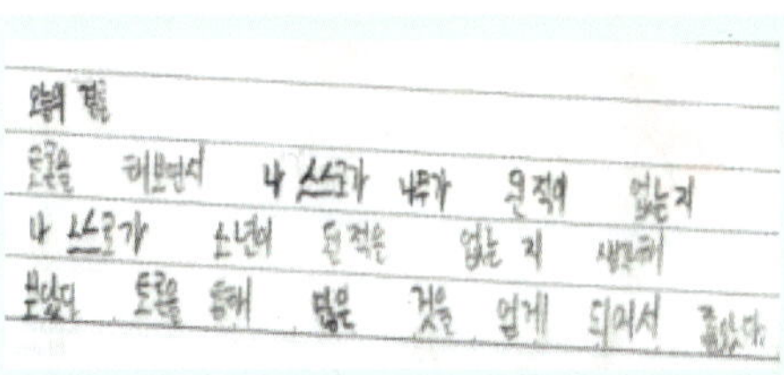

<배움 되돌아보기>
토론을 하면서 나 스스로가 나무가 된 적이 없는지 나 스스로가 소년이 된 적은 없는지 생각해 보았다. 토론을 통해 많은 것을 얻게 되어서 좋았다.

배움 되돌아보기

Chapter

5

들어요-생각해요-만나요 -나누어요-연결해요

'연결해요': 배움이 삶으로 연결되는 순간

'연결해요' 단계는 하브루타에서 말하는 쉬우르[14]와 연결되어 있습니다. '나누어요' 단계도 쉬우르와 비슷하지만 '연결해요'를 따로 단계로 정한 까닭은 삶과 연결하는 과정이 중요하여 그 부분을 강조하기 위해서입니다. 수업의 흐름에 따라 나누어요 과정에서 자연스럽게 삶의 적용으로 흘러가기도 합니다.

하브루타에서 쉬우르 단계는 공부한 내용을 연결하고 심도 있게 탐구하여 깊이 있는 이해를 추구하는 과정입니다.

이 단계의 목적을 세 가지로 정리해 보았습니다. 첫째, 질문과 대답을 조직하여 다른 수준의 개념으로 표현할 수 있습니다. 둘째, 학생들에게 삶의 지혜에 도달하게 합니다. 세 번째로 학생들에게 배움의 과정을 성찰하는 메타인지를 발동하면서 또 다른 앎의 새로운 시작을 알게 해 줍니다.

주로 사용되는 질문은 다음과 같습니다.

- 오늘 공부는 무엇에 관한 것인가?
- 새롭게 깨달은 것은 무엇인가?
- 깨달은 내용을 행동으로 실천할 수 있는 것은 무엇인가?
- 학습한 내용을 다른 교과와 연결 지어 생각해 본다면?

14 쉬우르는 교사가 전체 학생과 함께 질문과 토론을 하는 시간이다. 교사는 이 시간에 학생들 전체에게 질문을 던지면서 풀어간다. 불교에서 말하는 화두와 유사하다. 스승이 질문을 제자에게 내리면 제자는 그 질문에 대해 고민하여 풀어내야 한다. 참고: 『질문이 있는 교실(초등편)』, 경향BP. (2015). p.68.

근데~ 그게 뭐야?, 나도 몰라!

매체의 장단점을 알아보는 5학년 국어 시간이었습니다. 모둠별로 인터넷, 영상, 신문 등의 장단점을 찾아서 발표했습니다. 모든 모둠이 조사한 내용을 발표를 잘 마치고 차시 예고를 하는 순간이었습니다. 한 학생이 옆의 학생에게 가장 기본 개념을 물어보는 모습을 포착했습니다.

학생1: 근데 매체가 뭐야?

학생2: 매체? 나도 몰라.

이번에는 6학년 사회시간입니다. 지구촌에 관한 단원 마지막 차시로 학생들은 세계 여러 나라에서 일어나는 갈등에 대해서 공부합니다. 수업이 마무리되고 교사가 차시 예고를 하는데, 한 아이가 손들고 질문을 합니다.

학생: 선생님 지구촌이 뭐예요?

교사: 지구가 한 마을이라는 뜻이야, 지난번에 말했잖아.

학생: 언제요?

학생들이 매체의 장단점을 말할 수 있는데 매체의 뜻을 모르는 이유는 무엇일까요? 몇 차시 동안 지구촌에 대해서 공부했는데 지구촌의 의미를 질문하는 이유는 무엇일까요?

교사가 안 가르친 것일까요? 열심히 가르친 교사는 이 시점에서 억울합니다. 그런데 몇몇 학생은 잘 알고 있지만 일부 학생들은 배운 적도 없다고 딱 잡아뗍니다. 이렇듯 교실에는 하나를 알려주면 열을 아는 아이들이 있습니다. 그리고 이것과 반대인 아이들도 있습니다. 그래서 가르치는 일이 참 어렵습니다. 앞의 사례와 같이 자신이 모르고 이해 안 가는 부분을 딱 꼬집어서 질문해 주는 아이들이 있다는 것은 참으로 감사한 일입니다. 하지만 자신이 모르는 것을 남이 알게 될까 봐 부끄러워 숨기는 아이들이 더 많은 것이 현실입니다. 그런 현실은 교사는 가르쳤어도 배운 적은 없는 학생을 낳습니다. 이런 결과는 어쩌면 배운 내용과 자신의 삶이 동떨어졌다고 생각하기 때문에서 비롯된 것은 아닐까 하는 질문이 생깁니다. 이 질문으로부터 '연결해요' 단계를 알아보려고 합니다. 교사가 학생들이 좀 더 깊이 있고 의미 있는 학습으로 이해하도록 하고, 이해한 것을 행동으로 실천할 수 있게 돕는 일, 그것이 바로 '연결하기'입니다. 무엇과 무엇을 연결하라는 것인가요? 학습 내용 간의 연결하기 그리고 학습한 내용을 나의 삶, 나의 질문, 나의 글쓰기로 연결하기로 정리됩니다.

의미를 담은 헤드라인 짓기

학생 자신의 배운 내용을 정리하는 활동으로 헤드라인 짓기를 추천합니다. 헤드라인은 수업 정리할 때 학생들과 즐겁게 사용하는 전략입니다. 학생들에게 오늘 공부를 돌아보며 공부한 활동과 내용이 신문에 나온다면 어떤 기사 제목이 좋을까 상상해 보자고 하면 학생들은 우리의 이야기가 신문에 나온다는 이야기만 상상하는데도 즐거워합니다.

수학 시간, 수가 만들어지는 다양한 상황을 생각해 보는 활동 후 학생들은 '수학의 연결', '숫자와 관련된 우리들'이라는 제목을 만들어 공부한 내용을 정리하였습니다.

국어 시간 한글의 소중함을 학습 한 후에는 '우리의 소중한 한글', '세종대왕이 만들어 주신 보물'이라는 제목을 만들었습니다.

창체시간 마음공부 후에는 '감정은 항상 달라', '마음의 교실, 힘들어도 도전하라'라는 제목을 만들며 학습한 내용들을 연결하면서 오늘 학습한 내용을 자신의 것으로 내면화하는 시간을 가졌습니다.

헤드라인 짓기를 통해 학생들의 이해도와 관점을 파악하여 부족한 부분을 보충하는 단서를 얻을 수 있습니다.

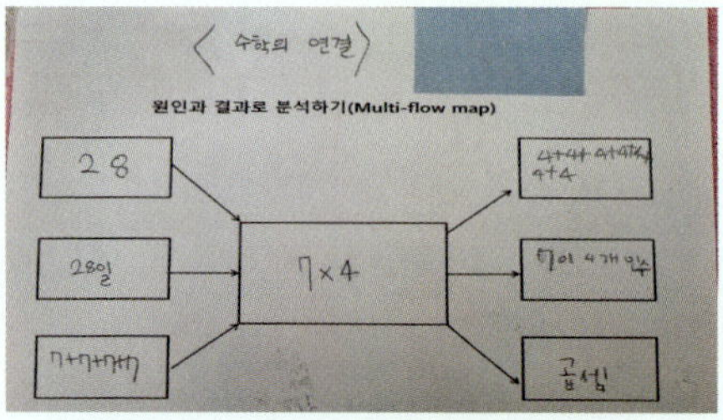

수학의 연결: 7×4를 학습한 후

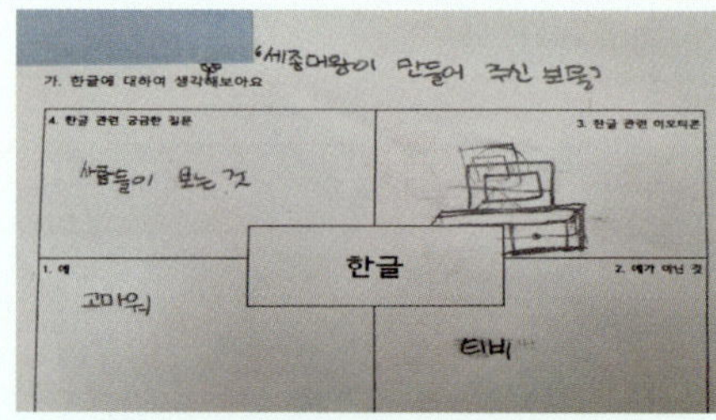

세종대왕이 만들어 주신 보물: 한글

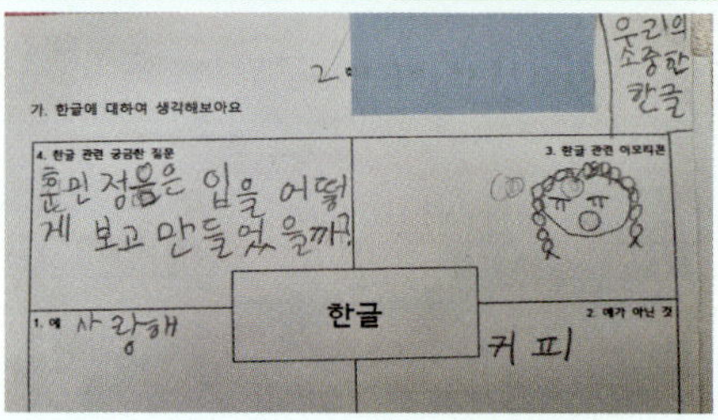

우리의 소중한 한글

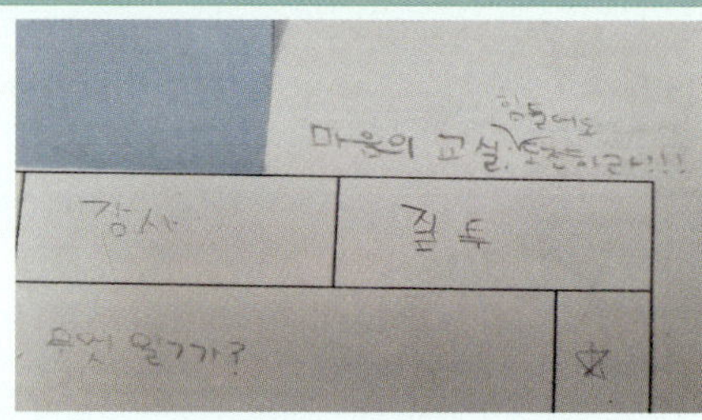

마음의 교실, 힘들어도 도전하라

벤다이어그램으로 주인공과 나의 삶을 연결하기

주인공과 자신을 비교하는 활동은 가장 쉽게 할 수 있으면서 효과적인 연결 방법입니다. 벤다이어그램을 활용해서 나와 주제의 연결, 나와 등장인물 간의 연결을 통해 자신의 삶을 성찰하면서 학습한 내용과 연결하도록 해보았습니다. 벤다이어그램(Venn Diagram)은 집합 간의 관계를 시각적으로 나타내는 도구로 주로 원을 사용하여 서로 다른 집합을 나타냅니다. 써클 맵의 한 종류이기도 합니다.

고요함의 의미를 찾아가는 「고요히[15]」 그림책 활동에서는 자신이 언제 조용하고 언제 시끄러운지를 알아보았습니다. 자신의 상황과 관련지어 생각해 본 학생들은 고요함이 필요하다는 생각, 주변에 고요한 것들이 무엇이 있는지, 그리고 고요한 것들이 생각할 수 있는 것까지 짐작하면서 깊고 다양한 사고로 확장할 수 있었습니다.

15 「고요히」, 토미 드 파올라, 북극곰(2021).

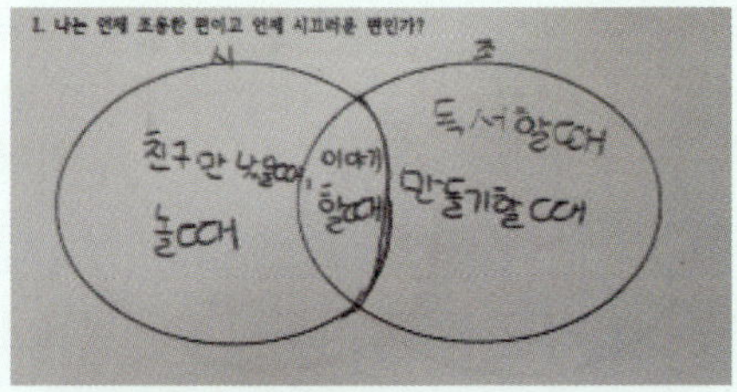	시끄러울 때: 친구와 만났을 때, 놀 때 조용할 때: 독서할 때, 만들기 할 때 시끄럽기도 하고 조용하기도 할 때: 이야기 할 때
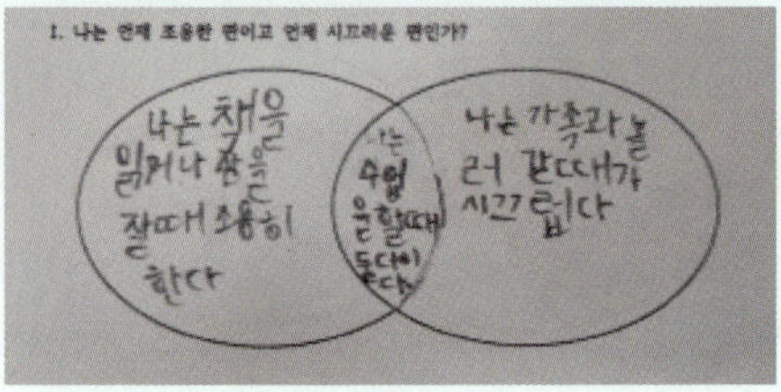	시끄러울 때: 가족과 놀러갈 때 조용할 때: 책을 읽거나 잠을 잘 때 시끄럽기도 하고 조용하기도 할 때: 수업시간둘다

4학년 학생들은 「스갱 아저씨의 염소[16]」와 나를 비교하면서 학생들은 염소의 입장에 공감하였습니다. 그리고 스갱 아저씨를 부모님으로 적용하면서 자신의 삶과 연결하였습니다.

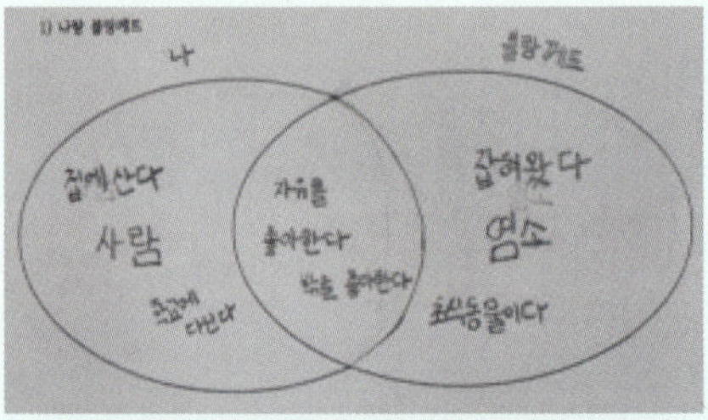	나: 집에 산다. 학교에 다닌다. 블랑게뜨: 잡혀왔다. 초식동물이다. 나와 공통점: 자유를 좋아한다. 밖을 좋아한다.
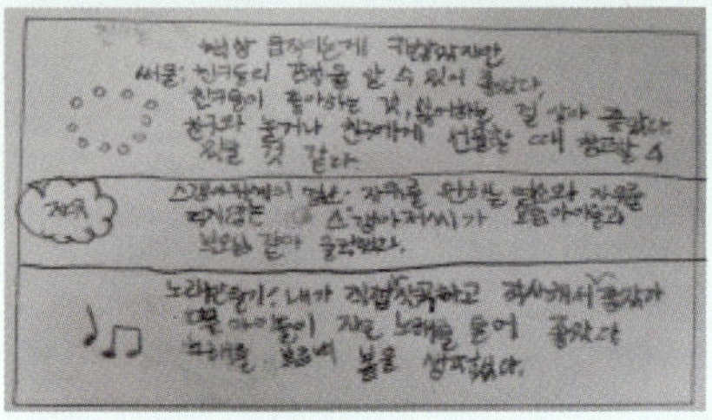	자유를 원하는 염소와 자유를 주지 않는 스갱아저씨가 요즘 아이들과 부모님 같아 울컥했다.

16 「스갱 아저씨의 염소」, 알퐁스 도데 글, 에릭 바튀 그림, 파랑새(2020).

나만의 탐구질문으로 삶을 바꾸기

하브루타 수업의 궁극적인 목적은 무엇일까요? 하브루타 수업의 목적은 결국 학습자가 평생 탐구자가 되도록 하는 것이라고 생각합니다. 주변에 익숙한 것일지라도 한번 더 관찰하고 궁금해하는, 탐구하는 태도를 가지고 자신의 탐구질문을 만들 수 있도록 하는 것이라고 하겠습니다.

연결하기에서 개인별 탐구질문을 만들고 질문에 대한 대답을 글로 써보는 활동은 학생들이 다른 관점, 더 깊은 사고로 확장할 수 있도록 돕습니다. 이 단계에서 교사는 학생들이 지금까지 배운 것과 이야기 나눈 것을 기억하고 확장하여 자신에게로 탐구질문을 던질 수 있도록 안내하는 것이 중요합니다.

아래의 학생은 '행복이란 무엇일까?'와 '자기 삶에 만족하는 것은 무슨 의미일까?' 의 두 질문을 자신의 탐구질문으로 만들었습니다. 이런 질문은 자신에게 그동안 공부한 것들의 의미를 학생 자신의 삶으로 가져오게 하는 역할을 합니다. 이렇게 자신의 삶에 던진 질문은 생각을 바꾸고, 행동을 바꾸게 될 것입니다.

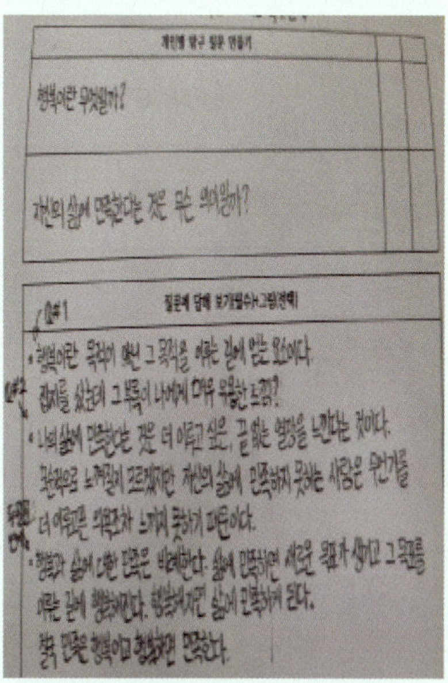

개인별 질문 만들기
- 행복이란 무엇일까?
- 자신의 삶에 만족한다는 것은 무슨 의미일까?

행복이란 무엇일까?
행복이란 목적이 아닌 그 목적을 이루는 길에 얻는 요소이다. 잡지를 샀는데 그 부록이 나에게 매우 유용한 느낌?

나의 삶에 만족한다는 것은 더 이루고 싶은 끝없는 열망을 느낀다는 것이다. 모순적으로 느껴질지 모르겠지만 자신의 삶에 만족하지 못하는 사람은 무언가를 더 이루고픈 의욕조차 느끼지 못하기 때문이다. 행복과 삶에 대한 만족은 비례한다. 삶에 만족하면 새로운 목표가 생기고 그 목표를 이루는 길에 행복해진다. 행복해지면 삶에 만족하게 된다. 결국 만족은 행복이고 행복하면 만족한다.

적용질문으로 삶과 연결한 글쓰기

적용질문을 중심으로 자신의 경험과 연결하여 간단한 글쓰기로 연결할 수 있습니다. 다음은 '생각해요'**17**의 질문 톺아보기에 나온 벼룩실험에 대해 적용질문을 중심으로 자신의 생각을 마무리하는 간단한 글쓰기로 연결한 내용입니다.

먼저 단순한 동물 반응 실험 결과를 본 학생들은 나, 우리, 가족, 주변 세상 경험과 연결한 적용 질문을 만들었습니다. 같은 상황에서 나의 선택, 이 실험과 세상과의 관계성, 주어진 문제를 해결하는 방법 등 적용 질문들이 만들어졌습니다. 그 질문들을 통해 학생들은 솔직하고 객관적인 관점으로 자신의 생활과 문제점을 성찰하게 되었습니다. 예를 들어, 벼룩이 나와 우리의 입장이 되고, 갇혀 있었던 컵이 이 세상이 됩니다. 유리판은 극복해야 할 장애물, 또는 우리의 실천을 가로막는 불편한 무엇인가가 됩니다. 학생들은 유리판으로 '안 될 거라고 포기하는 내적 두려움', '주변 사람들의 핀잔, 시기심, 차별, 고정관념', '자존감이 낮은 나 자신', '하기 싫은 공부' 등 저마다 자신의 내적 고백이 담긴 많은 생각들을 글로 써 내려갈 수 있었습니다. 이러한 적용질문은 자신의 삶을 성찰하는 깊은 사고를 이끌어내고 지평을 넓혀주는 계기를 만들어줍니다.

학생들이 사용한 적용질문입니다.

- 만약에 나라면 뚜껑이 닫혔을 때 어떻게 했을까?
- 우리가 벼룩이고 지금 이 세계가 컵이라면 유리판은 무엇일까?
- 내가 벼룩이라면 뚜껑이 열렸을 때 밖으로 나갔을까?
- 세상은 이 실험과 어떤 관계가 있을까?

17 본 책 56쪽, '질문의 유형 한 번 더 톺아보기'

이 벼룩실험에서 유리판이 뜻하는 것이 무엇인지 생각해 보았다. 나를 막는 건 '나'인 것 같다. 다른 사람들은 잘 모르겠지만 나는 항상 웃고 다니려고 최대한 노력한다. 웃고 다니는 게 속으로는 아무 생각이 없어 보인다. 그냥 다른 사람들 앞에서 웃는 것도 그게 좋아 보이니까, 내가 웃으면 보는 사람들도 웃게 되니까 항상 난 내가 먼저가 아닌 다른 사람을 먼저 생각하고 있는 것 같다. 어쩌면 자격지심에서 온 것일까? 나를 다른 사람들보다 못났다고 생각하다 보니 자신감도 없어지고, 자존감도 낮아지는 것 같다. 그래서 나는 막는 것은 '나'라고 생각한다. 유리 컵 안에 뛰는 벼룩도 '나'이고 벼룩을 막고 있는 유리판도 '나'다. 다른 사람은 절대로 나를 막을 순 없으니까 말이다.

- 최OO

이 실험을 통해 난 나의 유리판이 사회의 시선, 주변 사람들의 핀잔, 질투심, 시기심 등, 내가 할 수 있는 것, 하고 싶은 것을 막는 것이란 것을 알았다. 내가 이 유리판을 뚫거나 넘을 수 있는 나의 노력은 나 자신에게 귀 기울이기, 다른 사람에게서 날아오는 부정적인 생각을 무시해버리기, 조언을 귀담아듣기, 무시하거나 잘못하는 것들 열심히 해서, 단점을 장점으로 바꾸기 등이란 것을 알았다. 유리판이 열렸다는 것을 계속 뛰다 보면 언젠가는 알게 될 벼룩처럼 아무 생각 없이 내 능력에 만족하며 살기보다는 항상 내 능력 그 이상을 시험해보고 도전해보며 나의 유리판을 내가 넘었는지 넘으려고 노력하는지 의식해야겠다는 생각이 들었다.

- 박OO

벼룩이 뚜껑이 닫힌 걸 알고 낮게 뛰는 것을 보고 정말 똑똑하다고 생각했다. 만약에 색깔이 있는 유리판이었다면 나왔을 것이다. 우리의 삶 속에도 두려움이라는 뚜껑이 존재한다. 그렇기 때문에 두려움을 극복하고 이겨내야 한다. 앞으로는 나도 두려움 때문에 포기하지 말고 꼭 이겨내야겠다. 나도 어려움 앞에서는 용기 있게 행동해야겠다. 두려움이라는 뚜껑을 꼭 뚫어내야겠다.

- 박OO

내가 만약에 벼룩이고 세상이 컵이라면 유리판은 부모님인 것 같다. 왜냐하면 부모님께서는 우리가 하고 싶은 것을 적당히 통제해 주셔서 우리가 위험하지 않게끔 해주시기 때문이다.

- 조OO

벼룩이 적응한 것인지 퇴화한 것인지 모르겠지만 끈기가 없고 두려움이 많은 것 같다. 이런 상황이 마치 사람들이 사는 모습과 비슷하다. 뭘 해도 공부도 해야 하고 공부를 해서 이룬 직업이 좋은 직업이라고 생각할 뿐만 아니라 사회 자체에서도 그런 관점으로 사람들을 보고 있다. 나는 이런 생각이 든다. 사람들의 고정관념을 깨는 것이 유리판이 없을 때 나갈 수 있는 용기이자 노력이라고 생각한다. 앞으로는 사회의 고정관념을 깨고 깨어 있는 사람으로 살 것을 다짐한다.

- 이OO

벼룩은 유리판이 있음을 알고 낮게 뛰기 시작한다. 그리고 과학자가 유리판을 열었지만 벼룩은 높게 뛰지 않았다. 바로 '포기'라는 것을 한 것이다. 하지만 '포기'를 깰 수 있는 방법은 '실수'이다. 실수로 벼룩이 높게 뛰기 시작하면 벼룩은 유리판이 없음을 알고 다시 '도전'을 할 것이다. 감자칩과 포스트잇이 '실수로 인해 탄생한 것처럼 나는 이 이야기를 듣고 '성공'은 '도전'의 연속이고 '포기'와 '실수'에서 나온다는 것을 알게 되었다.

- 이OO

나를 막는 것은 동생을 향한 시기심과 질투심 그리고 가능성에 대한 두려움이다. 동생은 나보다 잘 하는 것이 많았다. 그에 비해 나는 할 수 있는 것이 적었다. 끈기도 없고 공부도 못했다. 그림 그리는 것이 나에게는 행복했지만 동시에 두렵기도 했었다. 이렇게 열심히 하는데 못하면 어떡하지? 라는 생각도 들고 동생이 부럽기도 했었다. 그림을 잘 그려야만 행복한 건 아니지만, 나는 가능성에 두려움을 품고 있다. 투명했던 물에 검은 물감이 번지는 것만 같았다.

- 임OO

만약 벼룩이 여러 마리라면 유리판을 치웠을 때 모두 나갔을 것이다. 그 이유는 벼룩은 멍청한 놈들과 똑똑한 놈들이 있다. 똑똑한 놈들은 빨리 적응을 해서 낮게 뛰었지만 멍청한 아이들은 계속 뛸 것이고 먼저 나가게 될 것이고 똑똑한 놈들은 멍청한 놈들을 따라 나갈 것이다.

- 신OO

Chapter 6

'들생만나연' 하브루타 계단 오르기

지금까지 '들생만나연'에 대해 알아보았는데요, 어떻게 진행할지 교사들이 먼저 그 과정을 체험해 보도록 하겠습니다. 다음은 하브루타란 무엇인가라는 주제로 하브루타 다섯 단계에 따라 진행한 연수의 장면입니다. 어떻게 진행을 할지 가볍게 읽다보면 감이 잡힐 것입니다.

들어요

안녕하세요? 오늘 우리가 나눌 주제는 '하브루타는 교사와 학생을 어떻게 바꾸는가?'입니다. 다음의 글을 짝과 함께 찬찬히 두 번 읽어 봅시다.

수업 준비에서 교사는 수업 내용을 즐기고 좋아해야 한다. 그 과정에서 자연스럽게 나오는 교사의 즐거운 에너지가 아이들에게 전이되어 수업에 함께 몰입하게 되기 때문이다. 교사가 먼저 수업 내용을 공부하면서 재미있어 하면 내용의 숨은 부분까지 속속들이 찾아가는 즐거움이 수반된다. 그 다음에 아이들 수준에 맞춰 하브루타를 생각하면 알맞은 활동이 떠오른다. 내용에 대한 즐거운 음미가 있은 후에 비로소 길이 보이는 것이다. 그것을 잊은 나는 전전긍긍하면서 한 시간의 수업에서 뭔가 흥미롭고 아이들이 좋아할 방법에만 신경 쓴 탓에 허전한 수업을 한 것이었다.

-「하브루타 수업이야기[18]」 중-

18 「하브루타수업이야기」. 하브루타수업연구회, 경향BP(2017).

생각해요

글을 보고 떠오르는 질문을 각자 적어봅시다. 서너 개씩 적어보세요.

어떤 질문을 만들었나요?

- 교사가 수업 내용을 좋아해야 한다고 했는데 그 까닭은 무엇일까?
- 교사의 즐거운 에너지가 수업 내용과 무슨 상관이 있을까?
- 교사가 내용을 즐겁게 공부할 방법은 무엇일까?
- 수업할 내용을 준비하면서 그 안에 깊이 담긴 숨은 부분을 찾으며 기쁨을 느낀 적 있나?
- 내용에 대한 즐거운 음미는 어떻게 하는 것일까?
- 학생들이 좋아할 방법에만 신경 쓰는 것의 단점은 무엇일까?

만나요

자신이 만든 질문 중에 하나 또는 두 개의 질문으로 짝과 하브루타를 하도록 하겠습니다. 번갈아 질문을 하고 답하고 그 답과 관련하여 다시 질문하거나 의견을 말합니다.

하브루타 장면

A: 교사가 수업 내용을 좋아해야 한다고 했는데 그 까닭은 무엇일까요? 이 질문으로 알고 싶은 것은 그냥 내용을 가르치기만 하면 되는데, 굳이 교사가 즐겁게 공부까지 해야 하는 까닭이 있을까요?

B: 내 생각엔 재미있는 이야기는 말하는 사람도 즐겁게 전달하니까 만약에 가르칠 내용에서 교사가 뭔가 재미를 느낀다면 아이들도 덩달아 재미있어진다는 말인 것 같아요.

A: 학생들이 배울 내용이 그리 재미있지는 않을 텐데? 혹시 그런 경험이 있어요?

B: 그런 경험이 있어요. 사회에서 지구본을 어떻게 가르칠지 고민했는데 지구본을 주고 관찰하라고 하면 돌리기만 하고 자기 아는 나라만 소리치며 찾는 것이 예상되어서 내가 먼저 지구본을 살펴본 적이 있어요. 그러면서 질문이 생기더라구요.

경선은 왜 영국 쪽이 기준인지, 반대쪽 날짜 변경선은 기준과 다르게 삐뚤빼뚤한 지 등이요. 그러다보니 진짜 흥미가 생기더라니까요. 내가 발견한 것을 아이들도 스스로 발견하게 할지 계속 고민하다보니 그 방법을 떠올리게 되더라구요.

A: 아하! 무슨 말인지 알겠어요. 이미 알고 있는 것도 다시 생각하고 관찰해 보는 것이군요. 질문을 떠올리면서 말이지요?

B: 다음 질문은 제가 할게요. 내용에 대한 즐거운 음미는 어떻게 하는 것일까? 저는 그 방법을 알고 싶어요. 저는 수업을 준비할 때 학생들에게 제시할 자료를 먼저 생각하게 되거든요. 교재연구가 주로 그런 쪽이라서요. 가끔 제시하는 자료가 학생들에게 제대로 들어가는지 회의가 들기도 했어요.

A: 그렇죠. 저도 그런데요. 위 글에서 말한 것처럼 아마도 교사들은 내용보다는 방법에 치중하는 것 같아요. 그것이 어떤 문제를 가져올까요?

B: 아마도 내가 선택한 수업 방법이 학생들에게 다가가지 않으면 수업은 망하는 거죠. 그리고 수업 내용을 깊이 들여다볼 시간도 없구요.

A: 아까 선생님께서 지구본 말씀하신 것에서 떠오른 것인데요. 가르칠 내용에 대해 끈질기게 생각하는 것이 중요한 것 같아요. 핵심만 계속 생각하면 갑자기 떠오르잖아요? 그게 음미가 아닐까요? 내 머릿속은 계속 일을 하는 것이라고 생각 되네요.

B: 우와, 그게 그렇게 이어지네요. 아까 질문을 떠올린다고 했는데 그 말이 맞는 것 같아요. 그 질문을 학생들이 떠올린다면 내용에 더 잘 접근하고 몰입할 수 있겠어요. 내용에 다가가는 질문하기가 핵심인 것 같아요.

나누어요

이제 짝과 어떤 이야기를 나누었는지 다같이 나누어 봅시다.

A: 저희는 교사가 어떻게 왜 배울 내용에 대해 즐겁게 공부할지에 대해 이야기했습니다. 교사가 내용에 대해 깨우침을 먼저 가진다면 바로 그 점이 즐거움이고, 그 방법으로는 질문을 떠올리는 것이라고 생각합니다.

C: 저희는 학생들이 좋아할 방법에만 신경 쓰는 것의 단점은 무엇일지에 대해 이야기를 나누었는데요. 방법에만 신경 쓰다 보면 학생들이 내용은 기억나지 않고 흥미로웠던 감정만 남을 것 같다고 이야기했습니다. 그러면서도 교사는 습관적으로

방법에 매몰되고 그런 자료만 검색하고 따라 하는 것이 안타깝다고 했습니다.

핵심적인 것을 말씀해 주셨네요. 교사가 먼저 내용에 질문을 하며 즐거움을 깨달아야 한다는 것과 방법보다는 그 내용을 먼저 생각해야 한다고 정리해 볼 수 있습니다.

연결해요

오늘의 주제는 '하브루타는 교사와 학생을 어떻게 바꾸는가?'인 것 기억하시지요? 이제는 자신의 삶으로 가져와 보겠습니다. 적용해보는 것이지요. 주제와 관련하여 자신의 생각을 간단히 나누어 봅시다. 스스로에게 던지는 질문을 만들어 대답해도 좋습니다. 또 평소 관찰하신 학생의 변화도 생각나면 알려주시지요.

A: 나의 수업에서 '하브루타를 하기 전과 후는 어떤 변화가 있었나요?'에 대해 생각해 보았습니다. 하브루타를 하기 전에는 교사로서 내가 가르칠 내용을 중심으로 준비했던 것 같아요. 그런데 지금은 되도록 학생들의 이야기를 들어보려고 노력합니다. 학생들도 자신의 말에 귀를 기울이는 것을 느끼는지 존중받는다고 느낀다고 하더군요.

C: 저는 질문 만들기를 하면서 스스로가 더 지혜로워진다고 느낍니다. 본질을 먼저 생각하는 것 같고요. 학생들의 질문을 보면 확실히 처음보다는 많이 세련되어졌습니다.

D: 학생들을 동등한 존재로 여기게 된 것이 스스로 가장 많이 달라진 부분입니다. 이 부분은 저뿐만 아니라 학생들도 대화를 하면서 더 유연해진 것이 보입니다.

B: 저는 수업을 즐겁게 하게 된 것 같고, 유연해졌어요. 그전에는 계획된 대로 수업이 흘러가지 않으면 산만한 학생 탓을 하기도 하고 좌절했었는데 이제는 학생의 의견과 생각을 계획된 수업의 흐름보다 더 중요하게 생각하게 되었습니다. 학생들에게도 수업의 책임이 있다고 맡기는 여유도 생겼구요.

하브루타가 즐거운 변화를 가져왔군요. 그 변화가 지속된다면 우리는 더욱 행복하게 될 것입니다.

PART

03

하브루타 수업 제대로 맛보기

havruta

Chapter 1

한 학기 한 영화 읽기

우리가 만드는 학교 사용 설명서 (with 영화)

영화는 진도를 마치고 부담 없이 같이 보기에 좋고, 학생들도 그 시간을 기대합니다. 하지만, 저는 미디어를 그렇게 보기만 하는 것을 넘어 깊이 읽게 하고 싶었습니다. 그러던 참에 한 학기 한 권 읽기가 교육과정에 들어왔습니다. 책만큼이나 영화를 같이 보는 것이 좋은 기회라고 생각하게 되었습니다. 영화의 장면과 대사 속에는 우리의 일상이 많이 들어있습니다. 영화를 통해 디지털 문해력도 키울 수 있습니다. 이제 저의 수업을 소개하겠습니다.

대상은 6학년이었고 관련 교과는 도덕입니다. 6학년 아이들은 중학교 입학을 막연히 두려워하고 특히 친구 관계에 대한 고민이 많습니다. 그래서 고른 작품은 '원더[19]' 였습니다. 원더는 안면기형인 어기가 중학교를 가게 되면서 벌어지는 갈등과 해결의 사건들을 따뜻하게 그려낸 작품입니다. 주인공뿐 아니라 가족과 친구들의 입장을 그리고 있어서 역지사지를 경험하게 됩니다. 수업이 진행되는 동안 학생들은 중학교를 대비한 자신만의 매뉴얼인 학교사용설명서를 작성하게 됩니다. 영화의 주제 부분을 같이 보고 하브루타를 하면서 후속질문 만들어 토의하기, 편지 쓰기, 핫시팅, 월드카페 토론 등 다양한 활동으로 이어갔습니다.

---

19 원더: R.J. 팔라시오의 소설을 원작으로 2017년에 개봉한 미국 영화(나무위키). 어기 풀먼은 안면기형장애로, 탄생 장면에서 어기의 얼굴은 초반 연출을 위해 공개되지 않고 산모와 의료진, 아빠 네이트의 반응만 보여진다. 어기는 온 가족의 관심과 사랑을 받으며 홈스쿨링으로 주로 집에서만 생활했다. 5학년 나이가 되자 어기의 엄마는 이제 어기가 학교를 다녀야 할 때라고 생각해 학교에 보낸다.

하브루타 수업의 흐름

1) 영화를 10분에서 15분 정도 봅니다. (들어요)
2) 영상을 보고 자유롭게 질문을 만듭니다. (생각해요)
3) 만든 질문을 서로 나누며 토의할 질문을 고릅니다. (만나요)
4) 질문을 토대로 짝과 이야기를 나눕니다. (나누어요)
5) (주제에 맞는 활동 후) 학교 사용 설명서의 내용을 정리합니다. (연결해요)

후속질문[20]으로 깊이 생각하기 수업

영화 앞부분을 10분 정도 감상하고 질문을 만든 후 대표질문[21]을 뽑습니다. 그 대표질문에 대한 후속질문을 만들고 하브루타를 합니다. 영상을 짧게 보여주는 까닭은 영화 보는 것이 목적이 아니기 때문입니다. 그 정도의 분량이라면 수업시간 내에 놓친 부분을 다시 한 번 보여줄 시간적 여유도 있습니다.

1단계 영화 감상하고 질문 만들기 - 들어요

학생들과 약 10분 정도까지의 영화를 같이 봅니다. 이번 수업에서 다룰 영상의 줄거리는 다음과 같습니다.

<줄거리>
어거스트 풀먼(주인공)은 안면기형인 10살 남자아이이다. 유전적 결함으로 인하여 선천적으로 안면기형으로 태어나 27번의 대수술을 거쳐 지금의 얼굴이 되었다. 가족(엄마, 아빠, 누나 비아)의 헌신적인 돌봄과 엄마의 홈스쿨링으로 초등학교 과정을 마친 어기를 엄마는 중학교에 입학시키려 한다. 어기가 입학하기 전에 엄마는 어기와 함께 투쉬맨 교장선생님을 만나서 면담하게 된다. 교장선생님은 세 명의 아이들(줄리안, 잭, 샬롯)을 미리

---

20 '후속질문'은 제시된 질문에 대한 질문을 말한다. 후속질문을 만들면 제시된 원질문이 더 구체화되고 확장되면서 토의가 활발해진다.

21 '대표 질문'이란 주제에 대해 포괄적으로 생각하고 토의할 만한 질문으로서 학생들이 선정하기도 하고 교사가 제시하기도 한다.

불러서 어기에게 교내를 안내하도록 하였다. 이 세 아이들은 같은 반 친구들에게서 착한 아이들이라고 추천 받은 아이들이었다. 그러나 첫 만남의 어색함에 샬롯은 계속 자기자랑만 하고, 줄리안은 어기를 자극하는 무례한 질문을 한다. 잭은 어기의 입장에서 줄리안의 무례한 행동에 적절한 방어를 해준다. 어기는 줄리안이 단어를 잘못 사용한 점을 꼬집으며 되갚아준다. 집에 온 어기는 걱정과 염려에도 불구하고 중학교에 입학하기로 결정한다. 등교 첫 날, 어기는 가족의 응원에 힘입어 그동안 얼굴을 가리기 위해 쓰고 다녔던 우주인 헬멧을 벗고 학교 안으로 들어간다.

영상을 본 후 학생들은 자유롭게 질문을 만들어서 함께 공유합니다. 질문을 자유롭게 만들라고 하니 '왜'가 들어가는 질문이 많습니다.

이렇게 만든 질문을 전체가 릴레이로 발표하되 이미 나온 것과 비슷한 질문은 빼고 발표하도록 하였습니다. 앞사람의 질문에 답한 후 자신의 질문을 발표하는 순서로 진행해도 좋습니다. 그런 과정을 통해 내용을 올바르게 이해했는지도 확인할 수 있습니다. 여기까지 진행하면 1차시의 수업이 마무리 됩니다.

영상을 보고 만든 질문들

어기가 헬멧을 쓰고 다니는 까닭은 무엇일까?
어기는 왜 학교에 가고 싶어 했을까?
왜 엄마는 어기를 학교에 보내려고 할까?
어기의 아빠는 왜 발표를 한 번만 하라고 했을까?
엄마는 왜 어기를 중학교부터 보내려고 했을까? 초등학교 때 보냈다면 어땠을까??
잭은 어기에게 좋은 친구가 될까?
교장선생님은 왜 어기에게만 특별히 친절할까?
교장선생님은 왜 미리 세 아이들을 만나게 했을까?

2단계 후속 질문 만들기와 하브루타 하기 - 생각해요 & 만나요

학생들은 지난 시간에 만든 대표질문을 보고 후속질문 만드는 활동을 합니다. 대표질문은 영상의 내용을 대표하는 질문으로, 교사가 학생질문을 보고 제시하거나 학생들과 같이 선정합니다. 후속질문을 만들 때 마중물 단어를 주어 표현과 생각을 돕습니다. 자유롭게 만든 첫 질문보다는 정돈된 것을 볼 수 있습니다.

이렇게 만들어진 후속 질문들은 영화를 입체적으로 감상하도록 도와줍니다. 또한 이 과정을 통해 더 깊은 생각으로 들어가게 합니다.

대표 질문에 따른 후속질문

"왜 투쉬맨 교장선생님은 먼저 어기와 세 아이들을 만나게 했을까?" - 대표질문

(어기에 대해서, 그리고 아이들에 대해서) 투쉬맨 선생님이 걱정한 것은 무엇이었을까?
만약 어기가 아이들을 미리 만나지 않고 학교에 갔다면 어기의 학교생활은 어땠을까?
과연 어기는 학교에서 이 세 아이들의 도움을 받을 수 있을까?
만약 투쉬맨 교장선생님이 어기와 함께 학교를 구경했다면 어기의 학교생활이 달라졌을까?
선생님이 아이들의 친구관계에 개입하는 것이 도움이 될까?
또 개입하지 않을 수 없는 상황은 어떤 상황일까?
잭은 과연 어기를 끝까지 도와줄까?
나라면 어기한테 친절하게 대해 줄 수 있었을까?

* 밑줄 친 것이 질문을 돕는 마중물 단어[22]임

3단계 어기의 고민 해결하기 – 연결해요

짝과 만나서 후속질문으로 이야기를 나누면서 어기의 고민에 공감한 것을 토대로 학교 사용 설명서에 Q&A형식으로 기록합니다.

22 마중물 단어: [부록 2] 생각하는 질문을 돕는 말 참고

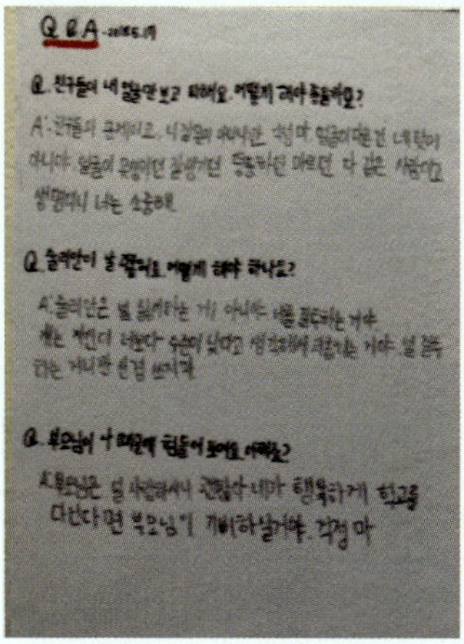

학교 사용 설명서 Q&A

Q 친구들이 내 얼굴만 보고 피해요. 어떻게 해야 좋을까요?
A 친구들이 문제이고 니 잘못이 아니니까 걱정 마. 얼굴이 다른 건 네 탓이 아니야. 얼굴이 못생기건 잘생기건 뚱뚱하던지 마르던지 다 같은 사람이고 생명이니 너는 소중해.
Q 줄리안이 나를 괴롭혀요. 어떻게 해야 하나요?
A 줄리안은 너를 싫어하는 게 아니고 질투하는 거야. 걔는 자신이 너보다 수준이 낮다고 생각해서 괴롭히는 거야. 널 질투하는 것이니까 신경 쓰지 마.
Q 부모님이 나 때문에 힘들어 보여요, 어쩌죠?
A 부모님은 널 사랑하니 괜찮아. 네가 행복하게 학교를 다닌다면 부모님이 기뻐하실 거야. 걱정 마.

이런 과정으로 첫 주제에 대한 수업을 마쳤습니다. 이후 인물별 스토리와 학생들의 삶을 연결하는 다양한 활동을 하였습니다.

등장인물이 되어 영화 속으로

영화의 등장인물과 어기의 관계가 거의 다 나온 중반부까지 감상한 후의 수업입니다. 학생들은 등장하는 인물이 되어 인터뷰 하며 영화 속으로 깊이 들어갑니다.

1단계 주인공과 등장인물의 관계 정리하기 - 들어요

"오늘의 주제는 '어기가 학교에 잘 다니려면'입니다. 어기를 돕거나 힘들어 하는 인물들이 나오는데 어떤 행동을 하였는지 발표해 봅시다."

교사의 안내에 다음과 같이 학생들이 정리하여 발표한 내용을 게시했습니다.

주제: 어기가 학교에 잘 다니려면?

(어기를 대하는 입장에 대해 학생들이 인물별로 발표하며 내용을 붙였습니다.)

교장: 자기 이름[18]을 이용해 조금이라도 웃게 만들었다.

아빠: 어기에게 선택권을 주려 했다.

엄마: 타이르고 같이 울어주었다.

잭: 어기를 그냥 친구로 대했다.

줄리안: 어기에게 비정상적인 관심을 주었다.

샬롯: 긴장을 풀어주려는 의도였으나 자기 말만 하였다.

2단계 인터뷰 질문 만들기 – 생각해요 & 만나요

학생들은 각 등장인물에게 인터뷰할 질문을 만듭니다. 이때는 주제인 '어기가 학교에 잘 다니려면'과 관련된 질문을 만들도록 합니다. 인터뷰 질문은 판단이나 추궁하는 질문이 아니고 궁금한 점에 대해 상대를 존중하는 문장으로 만들어야 한다고 말해주었습니다. 구체적으로 질문 문장의 예시를 주어 참고하게 합니다. 만든 질문은 짝과 만나서 질문을 서로 다듬어주는 과정을 갖습니다. 써클 형태로 수업을 진행하여 짝활동, 핫시팅 활동이 원활하게 하였습니다.

3단계 핫시팅으로 인물이 되어 생각 나누기 – 나누어요

영화 속의 인물이 되어 친구들의 질문에 답하는 시간입니다. 핫시팅의자에 앉아 대답할 인물은 자원하도록 하였습니다.

23 투쉬맨이라는 이름에서 'tush'는 엉덩이라는 뜻으로 이름으로 학생들이 놀리곤 한다.

<인터뷰 질문의 예시>
1. ~하였을 때, ~(상대)는 어땠을 것 같나요?(의도를 묻기)
2. ~하였는데, 그렇게 되기를 바랬나요?(의도, 바라는 결과)
3. ~하였을 때, 어떤 생각이 들었나요?(기분, 반응 묻기)
4. ~하였을 때, ~(상대)는 어땠을 것 같나요?(반응 묻기)
5. 만약에 ~~라면, 어떻게 되었을까요?(가정하여 묻기)

학생들의 인터뷰 질문과 대답

(어기에게)

Q 만약 앞으로 친구들이 계속 괴롭힌다면 어떻게 할 건가요?

A 저는 그래도 보란 듯이 꿋꿋하게 버틸 것입니다.

(어기 엄마에게)

Q 어기가 학교생활을 힘들어할 때 어떻게 도와주실 건가요?

A 어기가 힘들어할 때마다 옆에서 이야기를 들어줄 것입니다.

(선생님께)

Q 선생님은 어기 나이쯤에 어려움을 겪어보셨나요?

A 많이 겪었지. 줄리안 같은 아이가 많아서 많이 때렸거든.

(샬롯에게)

Q 어기가 학교에 잘 적응하기 위해 너는 어떤 노력을 할 거니?

A 나는 밝게 인사는 해 줄 거 같아.

4단계 실제로 소외된 친구 돕는 방법 찾기- 연결해요

인터뷰를 중심으로 서로가 도와 줄 수 있는 방법을 찾은 후에 어기가 학교를 잘 다니기 위한 방법을 함께 정리하였습니다. 이 수업으로 소외되는 친구들을 보았을 때나 스스로 소외의 기분을 느꼈을 때 등 자신의 경험과 연결하며 적극적으로 해결하려는 모습을 볼 수 있었습니다.

함께 만든, 어기를 위한 학교 사용 설명서

* 친구들이 놀리면 감정을 표현하자.
* 쉬는 시간에는 친구들과 함께 지내도록 하자.
* 힘들 땐 자신의 상황을 확실하게 선생님께 알리자.
* 담임 선생님은 어기를 더 유심히 지켜보고 놀리는 친구가 있는지 본다.
* 과학 선생님은 어기의 기를 살려주기 위해 과학 질문을 많이 한다.
* 친구들은 어기의 다른 점을 인정해주도록 한다.

수업 플러스 - 나누어요 & 연결해요

영화 수업을 하며 했던 또 다른 수업 이야기를 담아 보았습니다.

하나, 어기의 누나 비아 이야기를 보고 나의 응원자에게 감사 편지 쓰기

나를 응원해 준 사람을 떠올려 그분에게 감사 편지를 쓰는 수업입니다. 영화 속에서 주인공 어기의 누나 비아는 장애가 있는 동생으로 인해 아무래도 부모의 관심과 손길이 부족합니다. 그런 비아를 지지하고 응원해 준 사람은 돌아가신 할머니였습니다. 비아의 처지를 이해하며 나를 지지한 사람을 떠올리기에 알맞은 내용이었습니다. 학생들은 응원과 지지가 필요한 순간을 떠올리며 짝과 대화를 하였습니다. 그 대화를 통해 응원 받는 상황과 고마운 사람을 떠올릴 수 있어서 감사 편지가 생생하게 표현되었습니다. 재미있는 사실은 학생들을 응원하고 지지한 대상이 사람만은 아니었다는 점입니다.

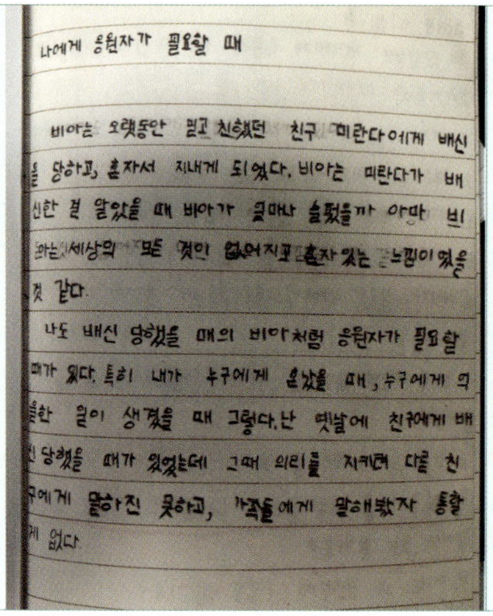
나에게 응원자가 필요할 때

비아는 오랫동안 믿고 친했던 친구 미란다에게 배신을 당하고, 혼자서 지내게 되었다. 비아는 미란다가 배신한 걸 알았을 때 비아가 얼마나 슬펐을까 아마 비아는 세상의 모든 것이 없어지고 혼자 있는 느낌이었을 것 같다.

나도 배신 당했을 때의 비아처럼 응원자가 필요할 때가 있다. 특히 내가 누구에게 혼났을 때, 누구에게 억울한 일이 생겼을 때 그렇다. 난 옛날에 친구에게 배신 당했을 때가 있었는데 그때 의리를 지키려면 다른 친구에게 말하진 못하고, 가족들에게 말해봤자 통할 게 없다

(나의 경험 떠올리기)

- 나에게 응원자가 필요할 때 -

비아는 오랫동안 믿고 친했던 친구 미란다에게 배신을 당하고, 혼자서 지내게 되었다. 미란다가 배신한 걸 알았을 때 비아가 얼마나 슬펐을까? 아마 비아는 세상의 모든 것이 없어지고 혼자 있는 느낌이었을 것 같다.

나도 배신당했을 때의 비아처럼 응원자가 필요할 때가 있다. 특히 내가 누구에게 혼났을 때 누구에게 억울한 일이 생겼을 때 그렇다. 난 옛날에 친구에게 배신당했을 때가 있었는데 그때 의리를 지키려고 다른 친구에게 말하지도 못하고, 가족들에게 말해봤자 통할 게 없어서 그만두었다.

각자 자신의 응원자에게 감사 편지 쓰기

나의 응원자인 할머니~~

오늘 도덕시간에 어기에게 관심이 쏠려 비아의 문제에는 관심이 없는 부모님에 대한 영화를 보았어요. 비아에게는 응원자인 사람이 없어서 힘들어 하는데 저에게는 응원자인 할머니가 있어 감사하고 행복해요. 저의 하소연을 들어주시고 저를 이뻐해주셔서 감사해요. 회사며 집안일 모두 하시며 힘드셨을 텐데 저의 이야기도 잘 들어주셔서 감사해요. 앞으로는 저의 방, 거실, 텔레비전 등 제가 도울 수 있는 일은 최대한 도울게요. 앞으로 성인이 될 때가지 잘 보살펴주세요.

저도 할머니가 저를 응원해 주시는 만큼 할머니를 응원할게요. 늘 감사합니다.

나의 응원자-'곰돌이 연수'

안녕, 연수야? 언니는 네가 언니에게 큰 힘이 되고 있다고 생각해. 엄마나 아빠에게 털어놓지 못했던 비밀들을 너에게 털어놓기도 하고 언니의 고민들을 너에게 거의 다 털어놓았어.

네가 이해를 못했다고 해도 그냥 들어주는 것, 털어 놓는 것뿐으로 그렇게 마음이 편해질 줄은 몰랐어. 비아의 이야기처럼 내가 왕따를 당하더라도 너에게는 얘기할 수 있을 거야. 그만큼 믿을 수 있으니까 예전에 2학년? 때였나? 나쁜 일을 한 적이 있었어. 그 나쁜 일을 서너 번 정도 하고 걸렸지. 집에 왔는데도 가슴이 두근두근 거리는 거야. 그날 밤새 울었고 아직도 트라우마가 있어. 근데 너한테 털어놓고 마음이 편해졌어. 그 덕에 용기내서 엄마한테도 고백했고... 다 네 덕이야. 고마워, 연수야!

둘, '시켜서 한 선행도 선행인지'에 대한 찬반토론 하기

영화의 중반부에 교장선생님의 부탁으로 시작된 선행이 진짜 우정으로 발전하게 되는 내용을 보고 '시켜서 한 선행'에 대한 의미를 깊이 알아보았습니다.

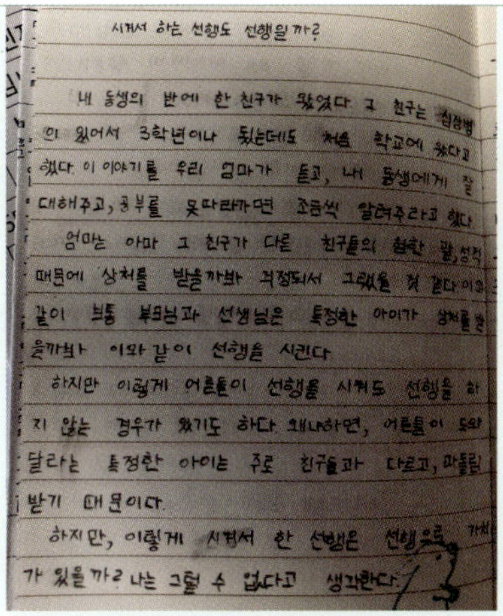	- 시켜서 하는 선행도 선행일까? - 내 동생 반에 한 친구가 왔었다. 그 친구는 심장병이 있어서 3학년이나 됐는데도 처음 학교에 왔다고 했다. 이 이야기를 우리 엄마가 듣고 내 동생에게 잘 대해주고, 공부를 못 따라가면 조금씩 알려주라고 했다. 엄마는 아마 그 친구가 다른 친구들의 험한 말, 성적 때문에 상처를 받을까봐 걱정돼서 그랬을 것 같다. 이와 같이 보통 부모님과 선생님은 특정한 아이가 상처를 받을까봐 선행을 시킨다. 하지만 이렇게 어른들이 선행을 시켜도 선행을 하지 않는 경우가 있기도 하다. 왜냐하면 어른들이 도와달라는 특정한 아이는 주로 친구들과 다르고, 따돌림 받기 때문이다. 이렇게 시켜서 한 선행은 선행으로 가치가 있을까? 나는 그럴 수 없다고 생각한다.
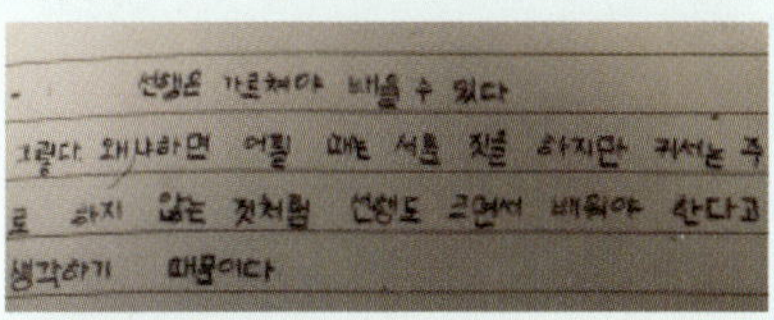	- 선행은 가르쳐야 배울 수 있다 - 그렇다. 왜냐하면 어릴 때는 서툰 짓을 하지만 커서는 주로 하지 않는 것처럼 선행도 크면서 배워야 한다고 생각하기 때문이다.

학생들은 스스로를 영화의 인물과 동일시하면서 솔직한 자신들의 이야기를 나눌 수 있었습니다. 중학교에 대한 막연한 두려움이 해결할 수 있는 두려움임을 깨닫게 되는 수업이었습니다. 학교 사용 설명서를 작성하면서 스스로 문제를 받아들이고 해결하는 힘을 얻게 되었다고 말하였습니다. 영화를 통해 같이 공유된 감정과 과정이 오래 남을 것입니다.

한 학기 수업을 마치고 남긴 학생들의 소감은 저에게 하브루타에 대한 확신을 주었습니다.

"이번 한 학기 도덕수업 동안 배운 것은 셀 수 없이 많다. 난 평소에 도덕을 책으로 배워봤자 뭔 소용이 있나 생각했었는데, 이번 도덕 시간은 토의와 영화를 통해서 배울 수 있어서 좋았다. 먼저, 알게 된 점을 여러 가지 관점으로 다양하게 생각하게 된 점을 배웠다. 여러 가지 질문을 만들고, 답하고 영화를 보면서 여러 가지 방면으로 생각할 수 있게 되었다."

"나는 도덕수업을 하면서 영화에서도 우리가 배워야 하는 것이 많다는 걸 알았다. 그전에는 그냥 재미있다는 생각으로만 보았는데 약간 무게가 있는 영화도 한 번쯤 잘 봐야겠다는 생각이 들었다."

"영화 수업을 통해 알게 된 점은 어떻게 행동해야 남들과 조금 다른 사람과 친해질 수 있는지, 그 사람의 마음을 어떻게 헤아릴 수 있는지, 우리가 장난삼아 던진 말들이 어떻게 상처가 될 수 있는지, 장애가 있어 모습이 달라도 공부를 잘 할 수 있다는 것, 그 사람들도 마음만 먹으면 사회생활을 더 잘 할 수 있다는 것 등등 많은 것을 알게 되었다."

"도덕 수업을 들으면서 변화된 점을 내가 조금 더 깊이 생각할 수 있게 되었다는 것이다. 원래는 간단하고 짧게만 생각했는데 지금은 깊이 생각할 수 있는 것 같다. 수업에 대한 소감은 새로운 방법으로 토론을 해서 색다르고 좋았다. 생각을 더 깊이 하는 것을 키울 수 있는 그럼 수업방식이어서 나와 다른 친구들한테 많은 도움이 된 것 같다."

Chapter 2

'나의 이야기로 삶을 탐색하는 철학수업' – TED TALK 프로젝트

학생 중심 수업이 무엇일까요?

저는 학생이 몰입하고, 학생이 의미를 두며, 학생이 끌어가는 수업이라고 생각합니다. 그래서 준비한 수업이 '나의 이야기로 삶을 탐색하는 철학수업'이었습니다. 한 마디로 정리하면 자신이 하고 싶은 말을 논리적으로 발표하는 수업입니다. 6학년 국어에서 논설문을 작성하는 수업과 연계할 수 있습니다. 주제 문장에 대한 질문을 토대로 자신의 발표 주제를 선정하고 이야기를 전개하는 방법을 알려줍니다. 발표 주제는 학생들이 원하는 것으로 정하도록 하였습니다. 발표를 하기까지 단계를 정하여 구체적으로 지도하였습니다.

발표하기까지의 단계

- **1단계 말하고 싶은 주제 정하기**
- **2단계 간단한 내용 적어보기(개요 작성)**
- **3단계 자신의 경험을 떠올려 원고로 작성하기**
- **4단계 발표 연습하기**
- **5단계 발표하기**

자신의 원고를 작성하기까지는 총 4차시로 진행되었습니다. 학생들의 발표 원고는 개요부터 원고 완성 사이에 일일이 확인하여 피드백해 주었습니다.

이 수업은 프로젝트 의도와 목적을 이해하고 자신이 하고 싶은 주제를 찾기까지가 가장 중요합니다. 각자 자신의 주제를 찾아 원고를 완성하면 이후의 수업은 발표와 토의가 자연스럽게 흘러갑니다.

수업 주제에 대해 질문하기 - 들어요 & 생각해요

'나의 이야기로 삶을 탐구하는 철학수업'이라는 주제를 보고 질문 만들기를 하면서 그 주제가 담긴 뜻을 같이 알아보는 것으로 첫 수업을 열었습니다. 저는 주제 문장만 주었고, 학생들은 질문과 대화로 수업의 의미를 알아갔습니다. 자신의 경험과 관심사가 수업의 내용, 즉 도덕적 탐구 자료가 된다는 것을 강조하였습니다.

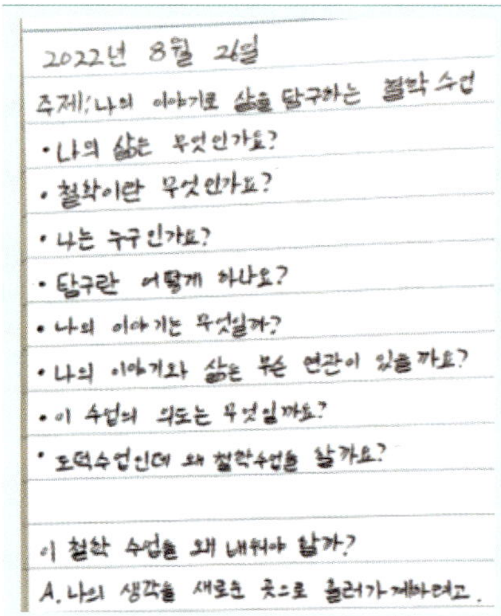

<주제 문장 보고 질문 만들기>

주제: 나의 이야기로 삶을 탐구하는 철학수업

- 나의 삶은 무엇인가요?
- 철학이란 무엇인가요?
- 나는 누구인가요?
- 탐구란 어떻게 하나요?
- 나의 이야기는 무엇일까?
- 나의 이야기와 삶은 무슨 연관이 있을까요?
- 이 수업의 의도는 무엇일까요?
- 도덕수업인데 왜 철학수업을 할까요?

- 이 철학 수업은 왜 배워야할까?

A 나의 생각을 새로운 곳으로 흘러가게 하려고

발표 영상 보고 자기 주제 찾기 - 들어요 & 생각해요 & 만나요

1단계 영상 보고 발표 내용 살펴보기 - 들어요 & 생각해요

청소년 세바시24 영상을 보고 자신의 경험에서 깨달은 것을 바탕으로 발표내용을 구성하는 방법과 발표하는 요령을 함께 찾아보았습니다. 청소년 세바시에서는

24 청소년 세바시: CBS '세상을 바꾸는 시간 15분'에서 청소년 대상으로 하는 캠프 마지막에 자신의 경험과 알게 된 점을 발표하는 영상.

중학생들이 강연자처럼 자신의 생각을 말하는 영상을 찾을 수 있습니다. 자신의 경험을 통해 느낀 것을 논리적으로 발표하는 내용이어서 학생들이 원고를 작성하는 데 길잡이가 됩니다.

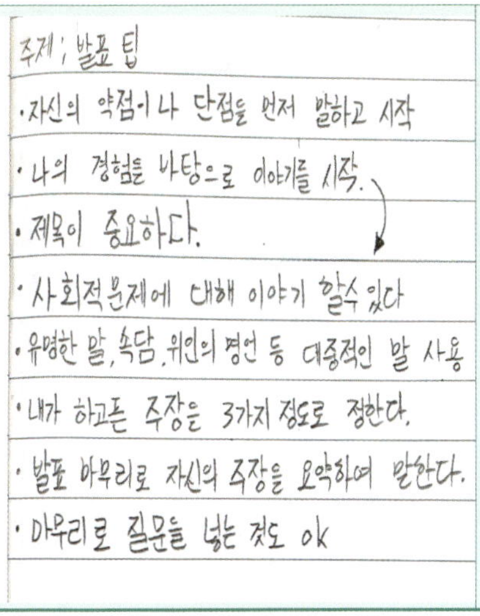
주제; 발표 팁
·자신의 약점이나 단점을 먼저 말하고 시작
·나의 경험을 바탕으로 이야기를 시작.
·제목이 중요하다.
·사회적문제에 대해 이야기 할수 있다
·유명한 말,속담,위인의 명언 등 대중적인 말 사용
·내가 하고픈 주장은 3가지 정도로 정한다.
·발표 마무리로 자신의 주장을 요약하여 말한다.
·마무리로 질문을 넣는 것도 ok

<영상에서 찾은 발표 팁>

주제: 발표 팁
- 자신의 약점이나 단점을 먼저 말하고 시작한다.
- 나의 경험을 바탕으로 이야기를 시작한다.
- 제목이 중요하다.
- 사회적 문제에 대해 이야기할 수 있다.
- 유명한 말, 속담, 위인의 명언 등 대중적인 말을 사용한다.
- 내가 하고픈 주장을 3가지 정도로 정한다.
- 발표 마무리로 자신의 주장을 요약하여 말한다.
- 마무리로 질문을 넣는 것도 OK

2단계 자신의 발표 주제 탐색하기 – 생각해요

자신이 좋아하는 것, 궁금한 것, 억울했던 것, 관심 있는 것, 진로, 친구, 가족 등 생각나는 것을 자유롭게 단어로 적습니다. 그리고 주제 점검 질문에 스스로 대답하면서 가장 마음에 닿는 단어를 2~3개만 남기고 지웁니다.

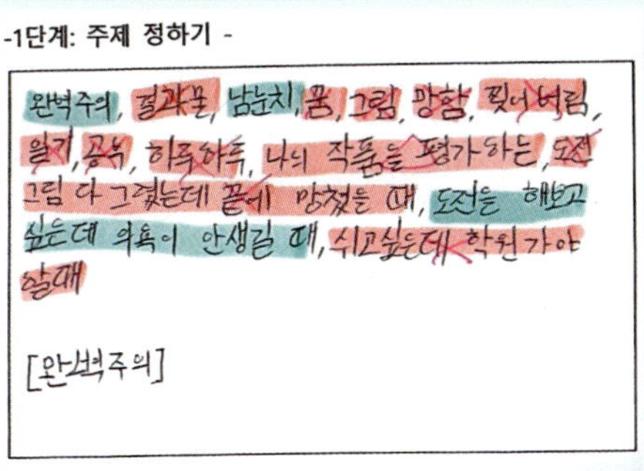
-1단계: 주제 정하기 -

완벽주의, 결과론, 남눈치, 꿈, 그림, 망함, 찢어버림, 일기, 공부, 하루하루, 나의 작품을 평가하는, 도전 그림 다 그렸는데 끝에 망쳤을 때, 도전을 해보고 싶은데 의욕이 안생길 때, 쉬고싶은데 학원가야 할때

[완벽주의]

* 자유롭게 적은 주제 단어에 스스로 다음의 질문을 하며 2개 정도 남기고 지워나갑니다.

- 주제 점검 질문 -
1) 왜 이 주제를 선택했어?
2) 왜 그렇게 생각해?
3) 좀 더 자세히 말해 볼래?

3단계 자신의 발표 주제 결정하기 - 만나요

위의 주제 질문을 짝과 나누며 가장 말하고 싶은 주제가 무엇인지 하나를 정합니다. 학생들의 대화를 엿볼까요?

학생1: 네가 발표하고 싶은 주제는 뭐야?

학생2: 난 '친구 관계'를 하고 싶어.

학생1: 왜 이 주제를 선택했어?

학생2: 올해 들어서 친구들과 사소한 문제로 자꾸 다투게 되어서 그 원인이 뭘까 생각해 보려고.

학생1: 왜 그렇게 생각해?

학생2: 모든 친구는 아니고 몇몇 친구하고만 의견 충돌이 있어서 그게 내 탓인지, 상황 탓인지, 성격 탓인지 파악해보고 싶어.

학생1: 좀 더 자세히 말해볼래?

학생2: 얼마 전에 친구와 티격태격 말싸움을 했는데 아주 사소한 문제로 시작되었는데 지금까지 사이가 어색하거든. 그래서 싸우지 않게 말하는 방법과 사과하는 방법을 좀 생각해보고 싶어서 이걸 주제로 하려고 해.

짝 대화를 마친 후 자신의 발표 주제를 점검하는 질문을 통해 최종적으로 결정합니다.

주제 결정 전 성찰 질문

- 주제가 공감을 불러오는가?
- 경험과 예시 등이 주제를 뒷받침하는가?
- 머릿속에 오래 남는 이야기인가?
- 자신과 친구들에게 필요한 이야기인가?
- 너무 당연한 이야기는 아닌가?

이렇게 결정된 주제에 따른 자신의 이야기를 자유롭게 구상해 봅니다.

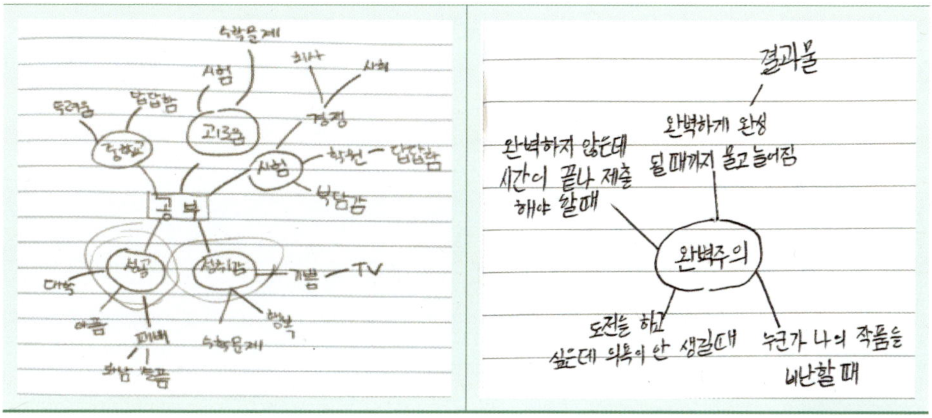

자신의 생각을 짝에게 설명하는 과정에서 주제와 의도가 명확해지는 것이 하브루타의 효과임을 학생들도 느끼게 됩니다. 이렇게 학생들이 주제를 정하기까지 한 차시나 두 차시에 걸쳐 진행할 수 있습니다.

자신의 경험을 떠올려 글쓰고 발표하기 - 연결해요 & 나누어요

1단계 자신의 경험을 떠올려 원고 작성하기 - 연결해요

여기까지 주제를 정했다면 각자 원고를 씁니다. 원고 쓰기 전에 마인드맵이나 그림이나 낙서 등의 지난 시간 만들어 놓은 자신의 자료를 보고 개요를 먼저 작성하도록 합니다. 이때 논리적으로 써 내려갈 수 있도록 안내 질문을 주어 그 대답을 중심으로 원고를 쓰도록 도왔습니다. 안내 질문은 매년 학생들의 결과물을 보고 수정을 거듭하며 만들었습니다. 개요에는 질문에 답하듯이 간단히 적습니다.

발표 원고는 '안녕하세요. 저는 6학년 0반 000입니다.'로 시작하고 가능한 '감사합니다'로 마무리합니다. 문장은 경어를 사용하여 작성합니다.

원고 작성 순서 및 도움 질문

서론	네가 하고 싶은 말을 한 문장으로 말해볼래?
본론	왜 이 주제를 선택했어? (이 주제가 주는 의미, 나에게 또는 너에게 중요한 까닭)
	왜 그렇게 생각해? (자신의 경험, 위 주제가 떠오른 까닭, 배경 지식)
	좀 더 자세히 말해볼까? (뒷받침되는 사실, 전문가나 경험자의 의견, 3개 정도의 소 주장)
	예를 들어볼래? (내 주장과 관련된 사실들, 관련 경험에 대한 구체적인 묘사)
	네 주장에 대한 반대나 다른 예시는? (다른 의견이 있다고 생각할 때 그 의견을 방어할 예시)
유형	맨 위의 문장을 다시 한 번 주장하거나 소 주장들을 정리하여 강조하기

2단계 원고 발표하기 - 나누어요

학생의 원고

공부하기 싫을 때

OOO

안녕하세요. 저는 OOO입니다. 저는 항상 공부할 때마다 이런 생각이 듭니다. '나는 이걸 왜 하고 있지?' 그러면서 회의감이 들기도 하고요. 물론 공부가 쓸데없다는 건 아닙니다. 공부가 쓸 데 있어야만 하는 이유를 오랜 시간 동안 찾아왔고 그 이유를 이제야 생각해 보려 합니다.

제가 공부를 하기 싫다고 할 때마다 매번 어머니가 해주시던 말씀이 "하기 싫으면 하지 마."이었어요. 그 말씀을 자세히 생각해 보니 '공부를 하기 싫으면 하지 않되 그 다음의 위험은 네가 감당해라.'라는 뜻인 것 같았습니다. 조금의 협박이 들어간 말이었죠. 그런데 제가 생각해보니 저는 엄마의 의견과 조금 달랐습니다. 나는 공부를 적당히 하고도 이룰 수 있는 운동선수 같은 꿈이 있다면 공부를 안 해도 된다고 생각합니다. 하지만 꿈이 수학자, 과학자 같은 공부를 해야지만 이룰 수 있는 꿈을 가지거나 아직 꿈을 정하지 못한 사람들은 공부를 해야 한다고 생각합니다. 물론 자신은 공부하기 싫고 안해도 된다고 생각하는 사람들은 공부를 하지 않아도 된다고 생각해요, 하지만 할 수 있는 일의 폭이 줄어들겠죠.

또 저는 공부는 보험이라고 생각해요. 한 가지만 예시로 들어보죠, 어느 한 운동선수가 있었어요. 그 선수는 어릴 때 공부하지 않고 운동만 했죠. 그런데 그 운동선수는 일찍 은퇴를 해버렸어요. 그렇게 되면 예전에 쌓아두었던 성적이 없기 때문에 할 수 있는 일의 폭이 줄어들겠죠. 하지만 조금이라도 공부를 해두었다면 은퇴하고도 하고 싶은 일을 할 수 있겠죠. 이렇게 공부로 보험을 들어두면 앞날을 걱정하지 않아도 되는 것이에요. 그러니 앞으로 공부하기 싫어질 때면 저 스스로를 채찍질해야겠네요. 저의 토의 주제는 '내가 공부하기 싫어질 때 공부를 계속하도록 다독이는 방법은?'입니다.

***토의 질문: 내가 공부하기 싫을 때 나를 다독이는 방법은 무엇인가?**

여기까지 학생들이 원고를 준비하면 발표할 순서를 정하여 가능한 원고를 외워서 발표합니다. 학생들은 친구들이 발표하니 작은 소리에도 진지하게 귀 기울여 듣습니다.

3단계 토의 질문과 소감으로 자신의 삶 돌아보기 – 연결해요

발표와 토의질문을 듣고 그 질문에 대한 자신의 생각을 공책에 정리합니다.

<공책 적는 순서>

1. 발표자 이름
2. 주제 및 내용 요약하기
3. 토의 질문 및 자신의 생각
4, 짝과 토의 내용 요약

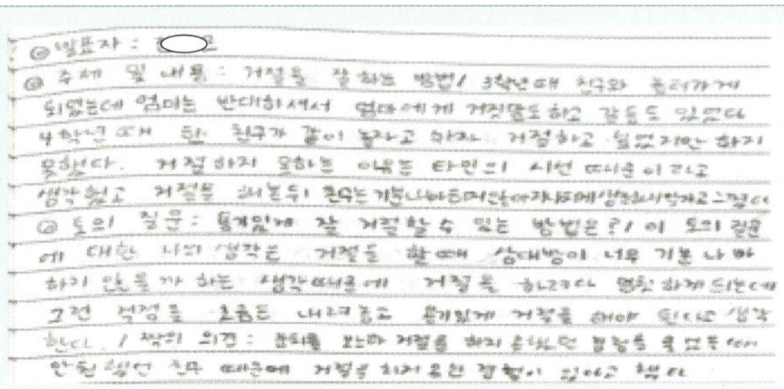

- 발표자: 000
- 주제 및 내용: 거절을 잘 하는 방법 / 3학년 때 친구와 놀러가게 되었는데 엄마가 반대하셔서 엄마에게 거짓말도 하고 갈등도 있었다. 4학년 때 한 친구가 같이 놀자고 하자 거절하고 싶었지만 하지 못했다. 거절하지 못하는 이유는 타인의 시선 때문이라고 생각했고 거절을 해본 뒤 친구는 기분 나빠하지 않아 지나치게 생각하지 말자고 느꼈다.

- 토의질문: 용기 있게 잘 거절할 수 있는 방법은?
- 나의 생각: 거절을 할 때 상대방이 너무 기분 나빠하지 않을까 하는 생각 때문에 거절을 하려다 멈칫하게 되는데 그런 걱정을 조금은 내려놓고 용기 있게 거절해야 된다.
- 짝의 의견: 눈치를 보느라 거절하지 못했던 경험을 물었을 때 안 친했던 친구 때문에 거절하지 못한 경험이 있다고 했다.

발표를 마친 후에는 발표한 학생이 제시한 토의질문을 가지고 짝과 토의합니다. 그리고 그 내용을 전체에게 나눕니다. 토의질문을 다듬는 것까지 교사가 원고 쓰기와 함께 지도하여 구체적이고 정선된 질문 문장을 만들도록 합니다.

다음은 학급에서 나누었던 토의질문입니다. 참 다양하고도 솔직한 이야기가 오갔습니다.

<토의질문 예시>
1. 지구가 오염되고 심각한 상황이라고 느꼈던 경험은?
2. 숙제를 제때 해서 성취감을 얻은 경험을 나누어보자
3. 숙제를 해야 하는 까닭은 무엇이고 역효과가 나는 까닭은 무엇인가?
4. 나의 학원 생활은 어떤가요?
5. 나는 어떤 방법으로 나를 사랑하고 있나?
6. 탈북민이나 북한 사람에 대해 안 좋은 편견, 인식에는 뭐가 있나요?
7. 노키즈존은 왜 생기며 노키즈존에 대한 나의 생각은?
8. 공부 외에 내가 탐색하고 싶은 것은 무엇이 있는가?
9. 나를 ~ 하게 대해주는 친구라면 갈등 없이 지낼 것 같다.
10. 5년 후 우리나라의 생선을 어떻게 먹을 수 있을까?
11. 자녀앱은 어디까지가 보호이고, 감시라고 생각하나요?
12. 비속어나 욕을 듣거나 해서 일이 더 커진 경험이 있나?
13. 친구가 해주었으면 하는 존중의 태도 다섯 가지 쓰기
14. 내가 생각하는 행복은 어떻게 이루어지는가? 그 까닭은?
15. 인간관계로 인해 내가 힘들었던 적이 있나요?

이 다양한 토의질문을 통해 나의 이야기가 친구들의 삶과 연결됩니다. 원고를 직접 쓰고 발표까지 하는 동안 부담스럽지만 친구들도 다 하는 것이니 열심히 해냅니다. 저는 발표하는 모습을 영상으로 녹화하여 각자에게 파일로 전해주었습니다. 발표 후에 소극적인 학생이 적극적으로 변화되는 모습을 많이 보았습니다. 학년말 소감에도 이 수업이 가장 좋았다며 앞으로 발표를 자신 있게 할 수 있을 것 같다고 하는 내용도 있었습니다.

내 발표를 마치고 난 소감: 준비과정부터 발표까지

나는 발표에서도 말했듯 오래전부터 내 머릿속에 있었던 고민인 장래희망과 꿈에 대해 글을 쓰게 되었다. 꿈이라는 주제는 나를 귀찮게 했기에 계속해서 생각을 미루고 미루었었는데 이 활동을 통해 내 생각을 정리하고 내가 생각하는 진정한 나에 대해서도 알 수 있게 되었다. 발표하는 날이 다가오기까지 총 8번 정도의 수정을 거쳤지만 계속해서 고민하느라 시간을 맞추지 못했고 결국 처음 버전으로 하게 되었다. 그렇기에 제대로 외우지도 못해서 더욱 아쉬운 감이 있었다. 또한 발표할 때는 발표하면서 발견한 내 이야기의 어색한 부분 때문에 아쉬웠다. 그러나 다음에 또 이러한 기회가 온다면 조금 더 쉽고 완벽하게 해 낼 수 있을 것 같다.

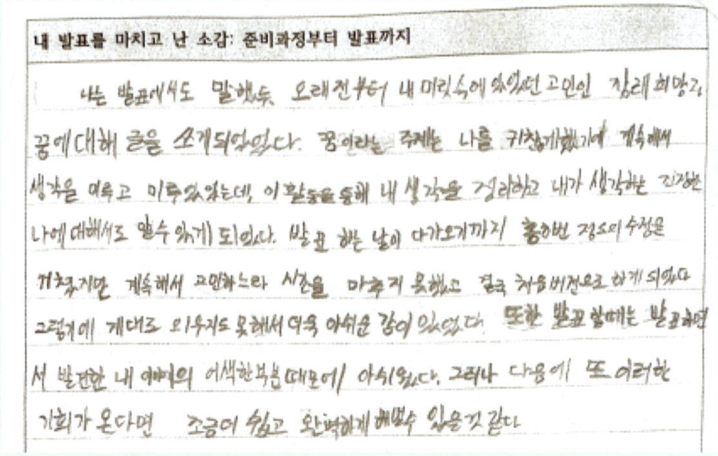

내 발표를 마치고 난 소감: 준비과정부터 발표까지

나는 발표에서도 말했듯 오래전부터 내 머릿속에 있었던 고민인 장래희망과 꿈에 대해 글을 쓰게 되었었다. 꿈이라는 주제는 나를 귀찮게 했기에 계속해서 생각을 미루고 미루었었는데, 이 활동을 통해 내 생각을 정리하고 내가 생각하는 진정한 나에 대해서도 알 수 있게 되었다. 발표 하는 날이 다가오기까지 총 8번 정도의 수정을 거쳤지만 계속해서 고민하느라 시간을 맞추지 못했고 결국 처음 버전으로 하게 되었다. 그렇기에 제대로 외우지도 못해서 더욱 아쉬운 감이 있었었다. 또한 발표할 때는 발표하면서 발견한 내 이야기의 어색한 부분 때문에 아쉬웠다. 그러나 다음에 또 이러한 기회가 온다면 조금 더 쉽고 완벽하게 해낼 수 있을 것 같다

전체 TED TALK 소감

모든 친구들이 용기 내어서 자신의 생각을 우리에게 말해주어서 나의 친구들의 이야기를 들을 기회가 되어서 정말 기뻤다. 친구들의 이야기를 들을 수 있는 기회가 되어서 정말 좋았고, 친구들이 다양한 생각들을 가지고 있다는 것을 알 수 있게 되었다. 친구들과 평상시에는 하지 못했던 이야기들로 서로 생각을 알 수 있게 되어서 정말 좋은 시간이 되었던 것 같다. 중학교 가서도 이렇게 친구들의 생각을 알 수 있는 기회가 있었으면 좋겠다.

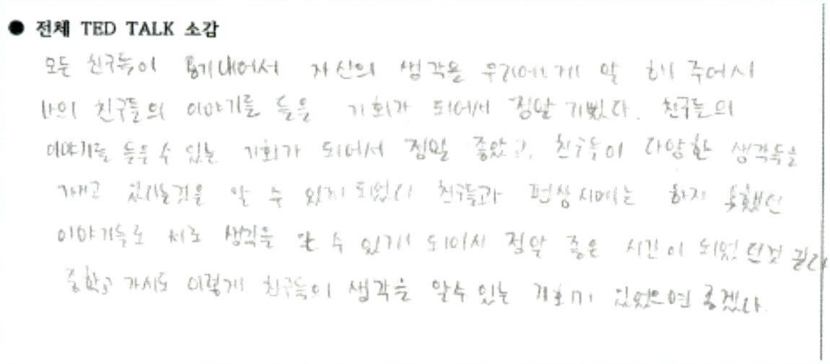

● 전체 TED TALK 소감

모든 친구들이 용기내어서 자신의 생각을 우리에게 말 해 주어서 나의 친구들의 이야기를 들을 기회가 되어서 정말 기뻤다. 친구들의 이야기를 들을 수 있는 기회가 되어서 정말 좋았고, 친구들이 다양한 생각들을 가지고 있다는것을 알 수 있게 되었다 친구들과 평상시에는 하지 못했던 이야기들로 서로 생각을 알 수 있게 되어서 정말 좋은 시간이 되었던것 같다 중학교 가서도 이렇게 친구들의 생각을 알수 있는 기회가 있었으면 좋겠다.

Chapter 3

경청으로 맛깔 나는 아침 독서

제가 하브루타를 만나게 된 것은 한 선배 선생님 때문이었습니다.

짝과 질문하고 답하는 과정에서 친구를 이해하고 배려하는 태도를 익힐 수 있는 방법이 있다며 하브루타를 소개하였습니다.

"정말이요? 어떻게 하브루타가 인성교육과 관련이 있을까요?"

저는 믿기지 않았지만 관련된 연수를 들으며 수업에 바로 적용하기 시작했습니다.

먼저 짝대화를 시도했습니다. 수업 중에 짝과 질문하고 답하는 시간을 가졌습니다. 물론 처음부터 잘 되지는 않았습니다. 학생들이 대화하는 방법도 몰랐지만, 대화하는 것에 익숙하지도 않았고, 흥미와 관심이 없었습니다. 교과서의 지문을 읽고 내용을 확인하거나 생각을 묻고 답하도록 했는데 비슷한 질문과 대답이 반복되기만 했습니다.

"나도 똑같아."

"선생님! 정답이 알고 싶어요."

학생들은 늘 PPT에 나오는 정답을 베껴 쓰는 것에 익숙해져 있었고, 정답을 찾아가는 이런 대화를 귀찮아했습니다. 이미 답은 정해져 있는데 왜 자꾸 질문을 하라고 하느냐며 아우성이었습니다. 저는 길을 잃었습니다. 그렇다고 진도를 팽개치고 그림책으로 수업할 용기는 나지 않았습니다. 고민 끝에 수업 시간이 아닌 아침 자습 시간을 활용하기로 했습니다. 제가 생각한 것은 '독서 나눔'이었습니다.

분위기부터 살려!

독서는 아침 자습 시간에 항상 하던 것이었고, 우리 반 학생들은 독서가 습관이 되어 있었습니다.

'그래, 독서를 활용해서 서로 이야기를 나눌 수 있는 시간을 갖도록 하자.'

사람들은 드라마를 보거나 영화를 보고 나면 그 내용이나 느낌, 놓친 부분 등을 서로 이야기하곤 합니다. 시간을 놓쳐 못 볼 경우에 특히 어떻게 되었냐며 물어보기도 하고, 서로 다른 입장 등으로 가볍게 논쟁하기도 합니다. 이런 방법을 활용하면 학생들도 자연스럽게 질문이 오고 가면서 서로의 대화가 시작될 수 있을 것 같았습니다. 그래서 아침 자습 시간 20분 동안 어제 내가 읽은 책을 짝에게 들려주고 짝은 그 이야기를 들으면서 궁금한 것을 질문하도록 했습니다.

"선생님! 제가 어제 읽은 책이 너무 두꺼워서 다 못 읽었는데요?"

"응, 괜찮아. 읽은 부분까지만 짝에게 전달해 줘."

"선생님! 어제 책을 읽기는 했는데 기억이 안 나는데요?"

"아, 그래? 그럼 어떻게 하지? 어떻게 하면 될까?"

"음… 내용을 써 올까요?"

"괜찮겠어? 귀찮지 않을까?"

"괜찮아요. 내용을 기억하려면 그게 나을 것 같아요."

참 신기했습니다. 쓰는 것을 싫어하는 학생들인데 갑자기 책을 읽고 내용을 기록하고 싶다고 합니다. 우리 반의 독서 나눔은 그렇게 시작되었습니다.

"선생님! ○○이가 책을 안 읽었대요."

"아이구, 어떡하니? ○○이가 안 읽어왔으니 네가 더 많이 말할 수 있겠는걸? 네가 읽은 내용을 더 자세히 이야기해 주렴."

경청은 존중이다

책을 잘 안 읽어 와서 짝의 이야기를 듣기만 하던 친구가 있었는데 어느 날 짝이 읽었던 책의 내용을 고쳐주는 것을 보았습니다.

"아니야, 그 부분에서 이렇게 나왔어."

아마도 짝이 들려주는 이야기를 들으며 책의 내용이 은근슬쩍 궁금했던지 같은 책을 읽은 모양입니다. 신기했습니다. 처음 짝대화를 교과서로 시작할 때는 귀찮아하고 짜증내고 서로 싸우던 학생들인데 이제는 조금씩 대화가 되었습니다. 책의 내용을 이야기하는 학생도, 듣는 학생도 모두 집중하고 서로 경청하는 모습을 보였습니다. 더 신기한 것은 억지로 질문을 시키지 않아도 저절로 질문을 주고받았습니다.

"그래서 그 다음은 어떻게 되었는데?"

"네가 말하는 게 이해가 잘 안 돼. 뭐라는 거야?"

"너는 무슨 생각을 했어?"

"이 책이 재미있었어? 왜?"

물론 완벽하지는 않았습니다. 어떤 질문은 짝을 화나게 만들었고, 그럴 때면 어김없이 교사의 개입이 필요했습니다. 일단 말문을 텄으니 이제는 대화하는 방법을 좀 다듬어 볼 차례였습니다.

"얘들아, 짝이랑 대화할 때 화가 나는 경우가 있지?"

"어떤 말이 화가 나고 어이가 없었니?"

저도 모르게 학생들에게 질문을 던지는 것이 저의 일상이 되었습니다. 이것이 하브루타의 힘이었습니다. 교사가 먼저 변하지 않으면 학생들도 변할 수 없습니다. 일방적으로 지도하고 주입하던 교사에서 질문하는 교사로, 학생들의 생각을 묻고 경청하는 교사로 어느덧 변하고 있었던 것입니다. 하브루타 연수에서 가장 많이 들었던 내용 중 하나가 경청하는 것이었습니다.

경청을 잘하기 위해서는 좋은 자세가 무엇인지 구체적으로 시범을 보이며 알려주는 것이 좋다고 합니다. 예를 들어 '머리에서 발끝까지 상대에게 집중하기', '시작할 때 눈을 마주치기', '상대방이 이야기할 때는 몸을 상대방을 향해 돌리기' 등과 같이 말입니다. 또한 경청하지 않는 자세와 경청하는 자세를 모두 경험하게 한 후 느낀 점을 말하도록 하면 실제로 효과가 좋습니다. 이렇게 경청하는 자세를 가르치면서 동시에 저부터 열심히 실천하였습니다. 그렇게 제가 변하니 학생들도 변했습니다. 질문에 대해 적극적으로 답변하고 선생님의 말에 귀 기울이려고 노력하는 모습이 보였습니다.

"선생님! 제가 열심히 말한다고 했는데 짝이 '뭐라는 거야~' 하면서 비웃는 것 같을 때 화나요."

"제가 말하고 있는데 딴짓하는 짝이 있으면 화가 나요."

"제가 하는 말에 건성으로 대답하거나 반응을 보여주지 않으면 화가 나요." 등 제가 한 질문에 여기저기서 답을 합니다. 그러면 저는 다시 묻습니다.

"아~ 그렇지? 그렇다면 어떻게 들으면 될까?"

"짝이 말할 때 고개를 끄덕이거나 으응~, 그랬어? 라고 말해요."

제가 딱히 경청의 자세를 말하지 않아도, 대화할 때의 태도에 대해 말하지 않아도 학생들의 입에서 답이 나왔습니다. 아침 자습 시간을 시작으로 우리 반에서는 짝대화가 서서히 시작되었고 서로 존중하고 이해하는 태도가 길러졌습니다. 서로의 생각을 나누다 보니 조금씩 서로를 이해하게 된 것입니다. 더 좋은 것은 대화할 때 서로의 눈을 쳐다보게 되었고 표정도 밝아졌습니다. 갈등이 생겼을 때 대화로 해결하는 방법을 터득해 가고 있었습니다.

매월 초 주제를 정해 독서계획을 세웁니다. 예를 들어 주제를 '역사'라고 정했다면 그와 관련된 도서들을 인터넷이나 도서관, 서점 등에서 찾아보고 한 달 동안 읽을 도서들을 정합니다. 어떤 도서를 먼저 읽을 것인지 순서를 정한 뒤 어떻게 읽을 것인지 구체적인 계획을 세웁니다. 그 계획을 독서 나눔 할 짝과 공유합니다. 이는 서로 책임 있는 독서 나눔을 하기 위함입니다.

한 달 동안 독서 나눔을 하고 나면 그동안 독서 나눔을 했던 것 중 발표할 내용을 짝과 함께 정해서 학급의 전체 친구들 앞에서 공유합니다. 이때는 책 이름, 서로 질문했던 것과 그 질문에 대한 생각 정리한 것을 이야기합니다. 교사는 칠판에 발표한 순서대로 책 이름과 질문을 적습니다. 발표가 모두 끝나면 칠판에 적힌 질문 중 하나를 골라 그 질문에 대한 내 생각이나 대답을 하는 시간을 갖기도 합니다.

끝으로 주제에 대해 새롭게 알게 된 것이나 깨닫게 된 것, 현재와 비교했을 때 같은 점과 다른 점 등을 생각해 보고 한 편의 글을 작성하는 것으로 마무리합니다.

이 활동들을 통해 질문을 만들고 답하는 것에 흥미를 가졌고 친구에게 가르치는 재미도 맛볼 수 있었습니다. 매일의 활동으로 하브루타를 할 분위기가 갖추어졌으며 인성교육도 이루어지고 있다고 느꼈습니다.

Chapter

4

루틴이 있는 하브루타 수학 수업

하브루타 수업은 질문중심 하브루타, 논쟁중심 하브루타, 비교중심 하브루타, 친구가르치기 하브루타, 문제 만들기 하브루타[25]로 제시한 자료를 보았습니다.

저는 수학 수업에 친구 가르치기 하브루타와 문제 만들기 하브루타를 적용해 보고 싶었습니다. 하브루타 연수에서 만난 한 선생님의 수학 수업이 너무 매력적이라 우리 학급에도 도전하고자 첫 발을 내디뎠습니다. 처음 수학 하브루타를 적용한 학년은 4학년이었습니다. 수학의 개념을 수학익힘책을 중심으로 교사가 설명하고 배운 내용을 친구에게 가르치는 활동으로 시작했습니다. 준비물은 작은 보드판과 마커펜이었습니다. 앞에서도 언급했듯이 제가 근무했던 학교는 강남의 규모가 큰 초등학교였습니다. 그래서 이미 학생들이 학원에서 선행학습을 해서 수학 교과에 대한 자신감도 있고 다 아는 내용이라고 생각해서 수업에 집중하지 않는 경우도 많았습니다. 그런데 이렇게 친구가르치기 활동을 하다 보니 학생들의 눈이 반짝반짝 빛나는 것을 볼 수 있었고 수업 시간이 활기가 넘치는 것을 경험할 수 있었습니다. 그 모습을 보는 교사인 저도 절로 신이 났습니다. 정말 신기했습니다.

친구 가르치기에 대한 관심 끌기 - 들어요

'대한민국 0.1%학생들의 비밀'(김경일 인지심리학자의 강의 일부)[26]. 이 영상으로 학생들에게 호기심과 관심, 동기를 부여하였습니다. 제가 당시에 담임을 하고 있었

25 「질문이 있는 교실(초등편)」, 하브루타수업연구회, 경향BP(2015).

26 https://www.youtube.com/watch?v=rMNJv2Zs9DQ&ab_channel=OtvN

던 학생들은 강남의 ○○초등학교 6학년 학생들이었습니다. 충분히 공부에 대한 열의와 욕심, 기본 학습력이 갖추어져 있었습니다. 다만 그것이 학원 교육에 길들여져 수동적인 것이 문제였습니다. 영상을 본 학생들은 흥미로워했습니다. 전국 석차 0.1%의 학생들은 메타인지가 뛰어나다는 내용의 강의였습니다. 메타인지란 내가 예측하는 것과 실제 결과의 차이가 0으로 나타난 것. 다시 말하면 내가 무엇을 알고 무엇을 모르는지 아는 것이라고 합니다. 세상에는 두 가지의 지식이 있는데 첫 번째는 내가 안다는 느낌은 있지만 설명을 못하는 지식, 두 번째는 내가 알고 있다는 느낌도 있고 다른 사람에게 설명도 가능한 지식이라고 합니다. 그리고 진짜 지식은 두 번째라고 합니다. 상위 0.1%의 학생들의 일상생활을 관찰해 보면 친구들에게 설명을 많이 하는데 막힘 없이 설명하는 것은 아니고 막히는 횟수가 대략 12회 정도라고 합니다. 그런데 이 횟수가 그 상위 학생들에게 내가 모르는 지점을 찾아갈 수 있도록 해 준다는 것입니다.

"우와~ 신기하다!"

학생들의 입에서 탄성이 흘러나왔습니다.

"설명하는 것이 성적이 오를 수 있는 방법이라구?"

"공부를 잘 하려면 친구들에게 설명을 하라구?"

"아, 그래서 ○○이가 공부를 잘 하는 건가?"

덧붙여서 이야기했습니다.

"얘들아, 선생님이 왜 너희들을 잘 가르칠 수 있을까?"

"공부를 잘 하셔서요.", "대학교를 나오셨으니까요", "선생님이시니까요"

"아니야, 선생님도 공부한단다. 너희를 가르치려고 먼저 공부하고 또 가르치다가 너희가 질문하면 다시 공부하고 또 설명하고 이런 과정을 반복하다 보니까 너희보다 더 잘 알게 되는 거야."

'아, 되었다!' 나의 마음속에서 안도의 말이 튀어 나왔습니다. 이제 막 가르치기에 대한 관심이 생긴 것이 너무 기뻤습니다.

저의 수학 수업은 보통 개념-적용-심화의 순서로 각각 약 1~2차시 정도 분량으로 진행합니다. 이제 본격적인 하브루타 수학 수업을 소개하겠습니다.

첫 번째 단추는 개념 익히기

1단계 교과서 살피고 읽기 -들어요

배울 내용이 무엇인지 생각하면서 수학교과서나 수학익힘책을 약 2분간 읽습니다. 그리고 교사가 칠판에 개념을 정리하며 간단히 설명합니다. 각 차시별로 약 10분 정도 설명합니다.

2단계 친구 가르치기 - 생각해요 & 만나요

교사의 설명을 듣고 난 후 학생들은 짝에게 개념을 설명합니다. 이때 모둠칠판을 활용하여 본인이 이해한 대로 본인의 언어로 짝에게 설명합니다. 혹시 개념 설명하기가 어려운 친구들은 앞의 선생님 칠판을 볼 수 있도록 합니다. 예를 들어 오른쪽에 앉은 학생이 먼저 왼쪽에 앉은 학생에게 설명하고 역할을 바꾸어 왼쪽에 앉은 학생이 오른쪽에 앉은 학생에게 설명합니다. 이때 서로 질문하고 확인하는 과정을 거칩니다.

3단계 스스로 정리하기 - 나누어요 & 연결하기

개념을 친구 가르치기 활동으로 진행한 후 짝과 활동한 내용으로 2~3팀 정도 전체 학생들에게 설명할 기회를 주고 교사가 다시 한 번 정리를 해 줍니다. 그리고 교과서 문제를 풀이하며 연습하는 활동을 하고 배움공책에 책이나 칠판을 보지 않고 개념을 정리합니다. 직접 관련된 연습문제도 1~2개 정도 만들어 봅니다.

두 번째 단추는 문제만들기(적용)

1단계 문제 분석하기 - 들어요 & 생각해요 & 만나요

단원이 끝나면 문제 만들기 활동을 합니다. 활동에 앞서 학생들에게 문제를 분석해보는 시간을 주었습니다. 이는 문제의 난이도와 문제의 유형을 파악하게 하려는 것입니다. 먼저 10문제 정도의 상, 중, 하 문제가 섞여 있는 학습지를 주었습니다. 그랬더니 너무 재밌는 현상이 일어났습니다. 분석하라고 준 학습지를 주저함 없이 학생들이 연필을 들고 마치 시험을 보는 것처럼 그 문제를 풀고 있는 것입니다.

"얘들아, 문제 안 풀어도 된단다."

"네? 문제를 안 풀어도 된다구요?"

"그래, 선생님이 너희들에게 시험을 보기 위해서 이 학습지를 준 것이 아니라 문제를 분석하라고 준거야."

"분석이요? 그게 뭔데요?"

4학년 학생들이라 분석이 무엇인지 모릅니다.

"음… 분석은 문제를 자세히 들여다보고 그 특징을 찾아내고 비슷한 것끼리 묶어 보는 거야."

저도 분석에 대해 설명하려니 참 어려웠습니다. 저도 아는 느낌만 있고 제대로 알지 못하는 지식이었을까요?

국어 시간에 이미 배운 적 있는 질문으로 설명하기 시작했습니다.

"너희들 국어 시간에 배운 질문의 종류 알고 있지?"

"네!"

"자, 내용확인질문(사실질문)은 어떻게 답을 찾을 수 있는 질문이지?"

"우리가 읽은 내용에 정확하게 답이 있어요."

"바로 답을 찾을 수 있는 질문이에요."

"얘들아, 수학문제에서 너희가 바로 답을 찾을 수 있는 문제가 있니?"

"네, 쉬운 거요."

"쉬운 게 어떤 건데?"

"음... 바로 답이 나오는 건데..."

역시 4학년이라 어려운 것 같습니다. 그래서 제가 설명을 곁들였습니다.

"그래, 바로 답이 나오는 거. 그건 문제를 풀 수 있는 조건이 하나만 있어서 그런 거야. 예를 들어 볼게 4+3=?"

"7이요"

"그렇지! 그럼 4+3-2=?"

"어 5!"

"우와~ 계산이 참 빠르구나. 선생님이 예를 들었던 2개의 문제에서 다른 점은 무엇일까?"

"처음 문제는 +만 있는데 나중 문제는 +와 -가 들어 있어요."

"바로 그거야! 너희가 바로 답을 맞힐 수 있는 문제는 한 번만 생각하면 풀 수 있는 문제이고 조금 더, 두 번 생각해야 하는 문제는 시간이 걸리는 문제지."

제가 맞게 설명하고 있는지 모르겠지만 최대한 쉽게 설명하려고 노력했습니다. 다행히 학생들이 알아들었습니다.

"아~ 선생님! 그러니까 어떤 조건이 1개만 있으면 쉬운 문제, 2개 있으면 좀 어려운 문제군요!"

"그래, 그렇단다. 이제 선생님이 준 문제를 쉽고 어려운 정도로 분류해 보렴. 어려운 말로 '상, 중, 하'라고 하는데 별이 3개, 별이 2개, 별이 1개인 문제로 나누어 봐."

제 설명을 들은 학생들은 열심히 학습지를 들여다보며 분석하기 시작했습니다. 저마다 자신이 이 문제를 상(上)이라고 한 이유, 중(中)이라고 한 이유, 하(下)라고 한 이유를 설명하기 바빴습니다. 나름대로 근거를 들어 설명하는 모습이 어찌나 기특하던지... 의견이 서로 맞지 않으면 저에게 가져와서 이 문제의 난이도가 상(上)인지, 중(中)인지, 하(下)인지 물어보았습니다. 조용하던 수학 수업시간이 왁자지껄 토론의 장으로 변하는 순간이었습니다. 서로 다툼은 없었냐고 묻는다면 의견에 대한 갈등은 언제나 존재한다고 말하고 싶습니다. 하브루타 교사라면 그 너머의 배움의 물결을 볼 수 있어야 한다고 저는 생각합니다.

2단계 나는 문제출제자 - 생각해요 & 만나요(짝 ⇒ 모둠)

문제 분석을 끝낸 후 본격적으로 문제만들기를 시작합니다. 학교에서 만들면 좋지만 시간이 여의치 않아 과제로 내주었습니다. 항상 수학의 마지막 차시는 '상, 중, 하 문제 각각 3개씩 만들어 오기' 과제를 주었습니다.

과제로 만들어 온 문제는 짝과 함께 1차로 검증을 거칩니다. 서로 풀어보고 오류가 없는지 확인합니다. 오류 검증을 하면서 서로 출제해 온 문제와 난이도 선정에 대한 이유를 분명하게 설명합니다.

"내가 이 문제를 난이도 하(下)라고 한 이유는 조건이 한 개만 들어가 있어서야. 그리고 이 문제는 소수 세 자리 수를 잘 알아낼 수 있는 문제야."

"근데 내가 생각하기에는 이 문제는 좀 어려운데... 소수 세 자리수도 알아야 하고 분수도 알아야 하는데?"

"아니~ 분수는 이미 배웠으니까 그건 조건으로 안치는 거지!"

그리고 다시 모둠을 만들어 서로의 문제를 2차로 검증합니다. 풀어보고 오류가 없는지 확인한 후 가장 좋은 문제라고 생각하는 문제를 상, 중, 하 각 1개씩 선택합니다. 선택할 때는 반드시 그 이유를 말해야 합니다. 선택한 문제는 모둠 칠판에 옮겨 적습니다.

3단계 돌아다니며 문제 풀기 - 나누어요 & 연결해요

이제 설명할 모둠원 한 사람을 정하고 나머지 세 명은 다른 모둠으로 돌아다니며 문제를 해결합니다.(4인 1모둠) 이 때 "+1 모둠씩 이동합니다."와 같은 이동 규칙은 교사가 정해줍니다. 이동해서 온 다른 모둠의 친구들은 한 모둠 당 상(上), 중(中), 하(下) 각 1개씩 문제를 적은 모둠 칠판을 보며 제한 시간 안에 문제를 해결합니다. 보통 제한 시간은 2~3분 정도 줍니다. 제한 시간이 지나면 설명하기 위해 남아 있던 모둠원이 채점을 하고 틀린 문제에 대해 힌트를 주며 다시 풀어 볼 수 있도록 합니다. 시간이 여의치 않으면 설명만 하기도 합니다. 일찍 문제를 해결한 사람은 수학익힘책을 풉니다. 시간이 여의치 않을 경우에는 모든 모둠의 문제를 해결하지 않고 서너 모둠의 문제만 해결하고 원래 본인의 모둠으로 돌아갈 수도 있습니다. 모둠으로 돌아간 후 돌아다니며 풀었던 문제 중 어려웠던 문제에 대해 이야기합니다. 이 때 반드시 설명하기 위해 남아 있던 모둠원에게는 자세히 설명하도록 합니다. 교사는 순회하며 활동을 어려워하는 친구들에게 도움을 줍니다.

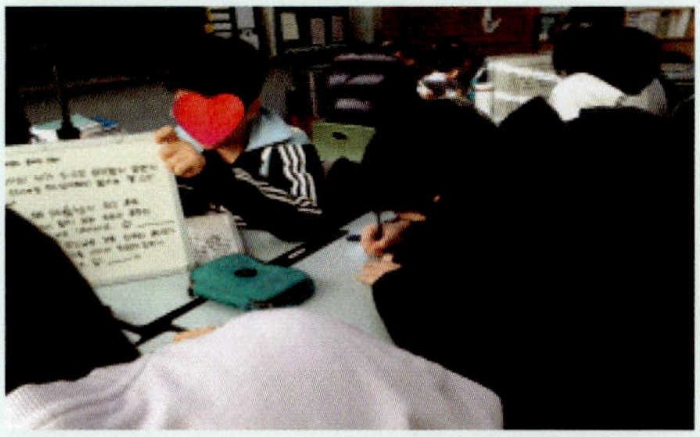

세 번째 단추는 도전! ㅇㅇ왕(심화)

1단계 평가지 만들기 - 생각해요 & 만나요(짝⇒모둠)

문제 만들기에서 만들었던 문제를 활용합니다. 이번에는 각 모둠에서 12문제를 선택합니다. 문제를 선택할 때의 과정은 앞선 '나는 문제출제자' 과정과 비슷합니다. 문제를 선택하면 선택한 이유를 반드시 모둠원에게 말해야 합니다. 그동안 교사는 평가지 틀을 만듭니다. 그리고 학생들이 선택한 문제를 교사가 만든 평가지 틀에 옮겨 적도록 합니다. 그동안 배운 내용을 친구들과 본인이 만들어 온 문제로 마무리 평가를 하는 것입니다. 이렇게 만든 문제는 답안지도 별도로 작성하도록 합니다. 그리고 평가지에는 출제한 모둠의 이름을 적습니다.

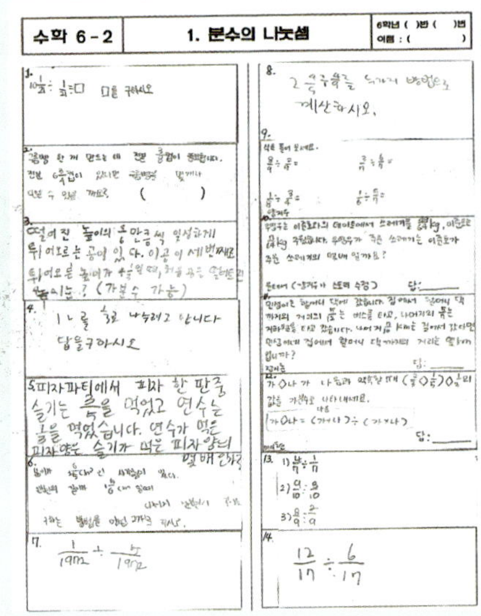

수학 6-2 | 1. 분수의 나눗셈

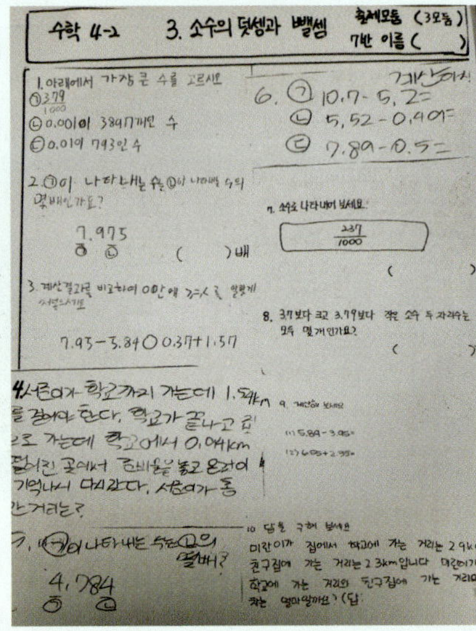

수학 4-2 | 3. 소수의 덧셈과 뺄셈 | 출제모둠 (3모둠) 7반 이름 ( )

2단계 릴레이 모둠 대항 평가전 - 나누어요

각 모둠의 완성된 평가지를 걷은 다음 교사가 그 평가지를 무작위로 배치합니다. 책상은 모둠별로 칠판 앞쪽에 일렬로 나란히 놓습니다. 모둠별로 한 사람씩 나와 1개의 문제씩 풀고 들어갑니다. 릴레이 모둠 대항 평가전입니다. 제한 시간 안에 문제를 모두 해결하고 나면 각 시험지의 출제 모둠에게 가서 채점을 받고 설명을 듣습니다.

3단계 함께 공부하기 - 연결해요

릴레이 모둠 대항 평가전을 끝내고 채점 받은 평가지를 돌려받은 후 모둠끼리 오답을 확인하고 함께 문제를 해결합니다. 그리고 배움 공책에 해결하기 어려웠던 문제나 기억에 남는 문제들을 쓰고 다시 한 번 혼자서 풀어봅니다. 간단히 활동에 대한 소감도 2줄 정도로 정리합니다.

어느 덧 저도 하브루타 수업에 자신감이 붙었습니다. 계속 연수에서 배운대로 적용해 보던 제가 나름대로 방법을 만들어 적용하고 있었습니다. 물론 쉽지만은 않았습니다. 이렇게 수업을 하려면 시간 안배가 중요하기 때문입니다. 수학 수업의 하브루타는 이렇게 무르익어가고 있었습니다.

아하! 하브루타 수업으로 수학 수업을 하면 수학 수업에서도 활발한 토론이 가능하구나!

Chapter 5

나의 안전을 지키는 지도 그리기 수업

4학년 사회과 수업으로 지도의 특징과 기호, 축척 등의 요소들을 학습한 후, 단원 마무리 활동으로 '우리 고장의 생활안전지도 그리기'를 계획하였습니다. 학생들이 지도를 읽고 해석할 수 있다는 전제하에 실생활과 연계하여 지도를 활용하는 능력을 기르도록 합니다. 나아가 필요에 따라 목적에 맞는 지도를 스스로 만들어 봅니다. 인터넷 지도를 기반으로 생활안전정보를 추가로 표시하여 '나만의 생활안전지도'를 완성합니다.

지도, 어디까지 써봤니? - 들어요

그동안 학습했던 일반지도 외에도 생활하면서 사용하게 되는 지도의 종류를 함께 찾아봅니다. 짝과 대화하면서 학생 자신이 직접 지도를 활용하여 길을 검색하거나 목적지를 찾아갔던 경험을 떠올려 보게 합니다. 아래의 질문에 대해 서로 대답하면서 지도의 필요성과 활용에 대해 가볍게 이야기를 나눕니다.

짝 대화 질문 제시하기

- 지도를 활용하면서 어떤 곳을 가 본 적이 있니? 어떤 종류의 지도였을까?
- 버스 노선도, 지하철 노선도는 지도라고 할 수 있을까?
- 그 밖에 어떤 지도가 있을까?

학생들은 대부분 자동차의 길도우미(네비게이션)를 가장 먼저 떠올립니다. 그러나 그 외에도 다양한 형태의 지도가 있음을 알 수 있습니다. 지하철 노선도, 놀이 공원 지도, 길 도우미(네비게이션), 버스 노선도, 건물 안내도 등 다양한 지도의 종류를 살펴보며 '들어요'를 마무리합니다.

뭐가 궁금해? - 생각해요

우리가 살고 있는 고장의 실제적인 교통, 치안 등 안전 정보를 탐색해 보는 시간입니다. 인터넷 사이트에 접속하여 정보 탐색을 하기 전에 먼저 우리 동네의 안전 정보에 대해 학생들이 궁금해하는 점을 질문으로 써 보도록 했습니다. 학생들의 질문은 그대로 학생들의 생활 모습을 보여주기도 하고, 어떤 것을 위험하게 느끼는지 알 수 있습니다.

학생들의 질문

- 교통사고가 얼마나 일어났을까?
- 다른 곳보다 우리 동네는 얼만큼 안전할까?
- 우리 동네에도 위험한 동물이 돌아다니나?
- 도둑이 많이 드는 곳은 어디인가?
- 사람들이 많이 다치는 위험한 곳이 있나?
- 가까운 지구대는 어디에 있나?
- 쥐가 나오는 곳은 왜 그럴까?
- 골목이 좁은 곳은 불이 나면 어떻게 소방차가 올까?
- 공원은 밤에 놀아도 안전한가?

생활안전지도 누리집(safemap.go.kr)은 일상생활에서 예방할 수 있는 사고, 교통안전, 치안, 시설 안전, 재난 등의 위험 정보를 통합적으로 지도 위에 표시하여 1~5등급으로 안내한 행정안전부 사이트입니다. 인터넷 사이트에 접속하여 지역 검색을 통해 우리 지역의 지도를 검색하고 다양한 안전 정보를 조회하는 방법을 안내합니다. 학생들은 태블릿을 이용해 우리가 살고 있는 고장의 교통, 치안 정보를 탐색합니다. 누리집이나 정보를 통해 학생들의 모든 질문의 답을 알 수는 없지만 어떤 정보들을 활용할 수 있는지 함께 살펴봅니다.

아래 그림은 누리집을 통해 알 수 있는 우리가 속한 구의 안전 정보입니다. 영역별 안전 등급을 표시한 것인데 가장 안전한 1등급부터 5등급까지 중 우리 구는 2-5등급에 속했습니다. 그중 교통과 화재, 생활안전에 유의해야 함을 알 수 있습니다.

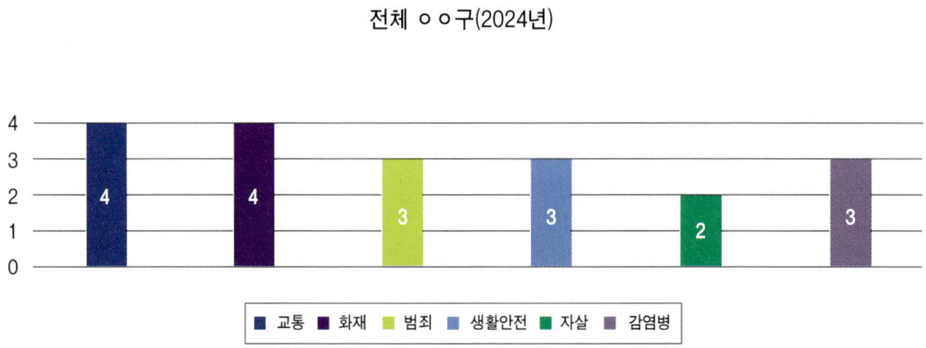

생활안전지도 검색을 통해 알게 된 정보를 바탕으로 평소 친구, 부모님께 들었던 우리 동네 안전 정보나 학생 스스로의 경험을 더하여 나만의 생활안전지도를 직접 그려봅니다. 생활안전지도의 틀은 인터넷 지도에서 학생 자신의 집에서 학교까지의 등하교길 동선이 보이는 범위까지 화면을 캡처하였습니다. 교사가 미리 학생 각각의 주거지를 기준으로 개별 맞춤형 학습지를 수업 전에 만들고 컬러 인쇄해서 나눠주었습니다. 공동주택인 아파트가 아닌 지역이어서 교사의 사전 수업 준비가 꽤 필요했습니다. 다음은 학생 각자에게 나눠준 맞춤형 학습지의 예시입니다.

우리 학교 주변 생활안전지도 4학년 2반 이름: (   )

★ 우리 집에서 (   )까지의 등하교길, 학교 주변의 모습을 떠올려 생활안전지도를 그려 봅시다.

<친구들에게 알려주고 싶어요>
친구들아!

수다로 그리는 지도! – 만나요

학생 각자가 완성한 생활안전지도를 가지고 1:1 짝 대화를 나눕니다. 대화를 나눈 이후에 2:2 모둠 형태로 4명이 만나 돌아가며 정보를 나눕니다. 그 과정에서 자신이 만든 지도를 수정하여 완성합니다. 자신이 겪었거나 전해 들었던 동네의 여러 사건 사고 등을 기억하고 꽤 진지하고 흥미로운 분위기에서 짝 대화와 모둠 대화를 이어나가는 모습을 관찰할 수 있습니다. 대화를 원활하게 하는 시작 표현 문장의 예를 알려주면 좋습니다.

대화 시작은 이렇게
우리 집은 ~야. 내가 학교에 오려면~
안전이 좀 걱정되는 길은 ~ 야. 왜냐하면~
특히, 이곳은, ~ 조심해야 해.

1:1 짝대화

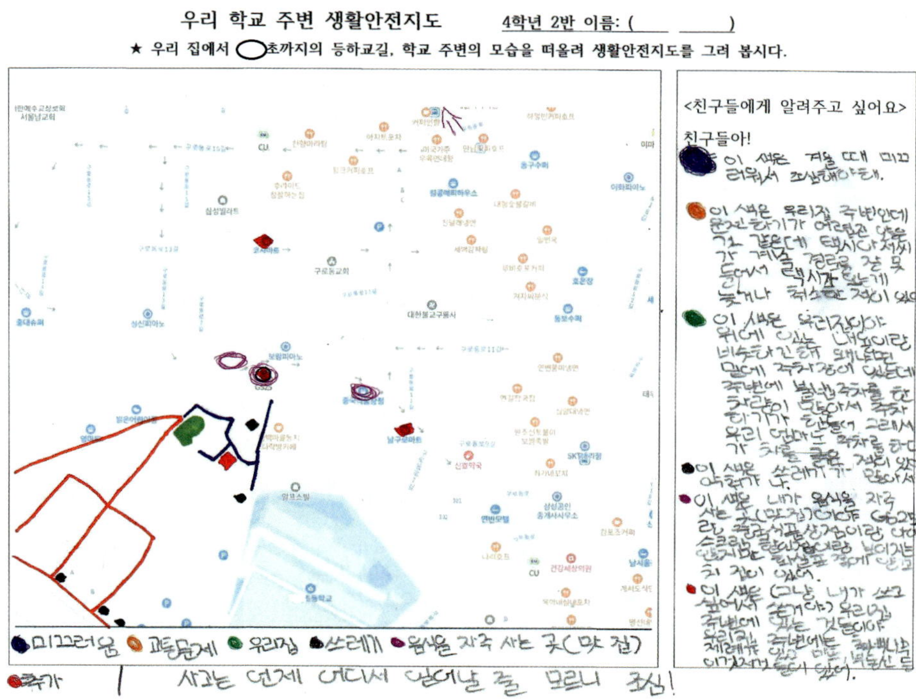

학생1: 우리 집은 학교랑 가까워. 2분밖에 안 걸려. 창문에서 학교 운동장이 보여.

학생2: 야. 근데 너는 왜 자꾸 지각해? 회장이 그러면 되냐?

학생1: 음.. 아무튼 너 GS25 알지? 거기서 우리학교로 내려갈 때 진짜 조심해야 돼. 거기가 얼어서 나 미끄러진 적 있어. 옆 반 지원이도 거기서 달리다가 다쳤잖아.

학생2: 맞어. 길이 엄청 내리막이야. 그런데, 이건(보라색 맛집 음식 소개) 안전정보가 아니잖아?

학생1: 지도니까 맛집도 표시해봤어. (먹는 걸 매우 좋아하는 학생임)

2:2 모둠 대화

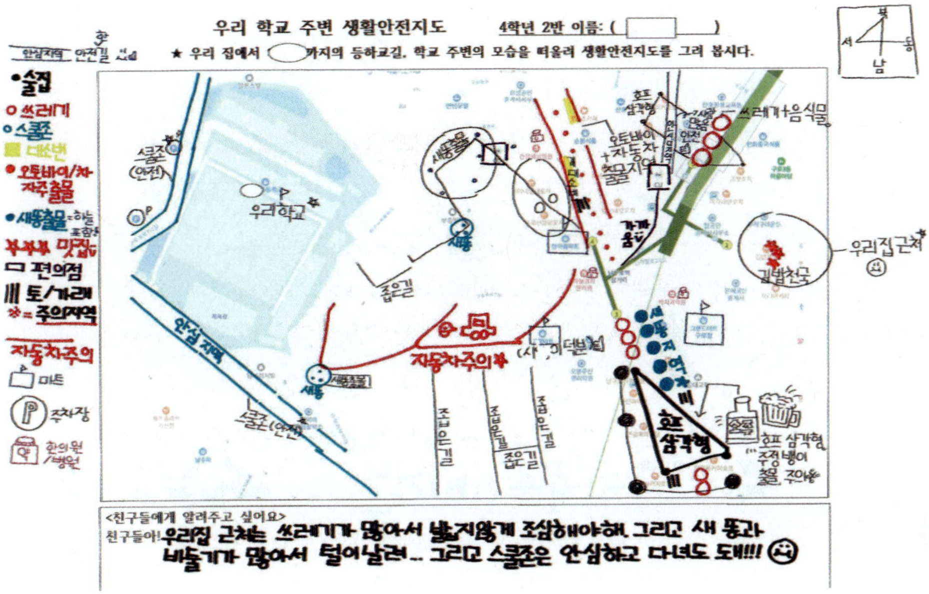

학생1: 내가 학교에 오려면 우리 집은 지하철역을 가로질러서 학교에 와. 여기(빨간색 표시)는 오토바이랑 자동차가 출몰해. 앞 뒤로 자주 살피면서 걸어야 돼. 으악.. 여기(하늘색)는 새똥 주의 구간이야. 땅에 떨어져 있는게 아니고, 진짜 하늘에서 떨어진 적이 있다고.

학생2: 으악! 드러워. 나도 여기 자주 지나가는데..

학생3: 와! 나 고양이 좋아하는데. 여기 가면 많이 보겠네

학생4: 그런데, 여기 삼각형으로 된 검정색 표시는 '주정뱅이 출몰 주의'라고 써 놨네? 진짜 무서운 아저씨 만났어?

학생1: 응. 여기 호프집, 술집 많잖아. 밤에 술에 취한 주정뱅이 아저씨들 많아. 엄마랑 지나가다가 술 취해서 소리 지르는 아저씨 만났어.

학생3: 그래. 나도 봤어.

학생2: 있잖아. 지하철 역에서 우리 학교 쪽 도로(빨간색)도 자동차 조심해야 돼. 갑자기 차가 지나가는데, 빵빵거려서 진짜 놀랐어.

학생1: 고마워. 네가 알려준 것도 지도에 표시해야겠다. 그래도 우리 학교는 스쿨존이라 안심하고 다녀도 돼. 노란색으로 표시가 많고 안전해.

아이들의 눈높이 대화는 우리 학교 주변의 안전 문제에 대한 실질적인 정보를 모으는 기회가 되었습니다. 자신의 생활과 직결되는 주제라서 흥미롭게 대화가 이어지고 매우 집중하며 친구들의 이야기를 듣습니다. 학생들이 완성한 생활안전지도에는 술집과 음식점이 많아서 술주정뱅이 주의 구간, 대로변 차조심 구간, 쓰레기 주의 구간, 새똥 주의 구간, 자동차 주의, 오토바이 출몰, 죽은 쥐와 새 조심 구간, 겨울철 내리막길 빙판 미끄럼 주의 구간, 우리 학교 스쿨 존 안전지역, 교통봉사 안전 구간 등이 담겨 있었습니다.

안전하게 집으로! - 나누어요

완성된 지도로 학급 전체가 생활 안전 정보를 나누는 시간을 갖습니다. 이번에는 발표하고 싶은 학생들을 중심으로 전체 발표를 합니다. 경청하는 나머지 학생들은 친구의 발표를 통해 새롭게 알게 된 정보를 자신의 생활안전지도에 추가로 표시하기도 하고, 손을 들어 추가 질문이나 의견을 발표합니다.

다음은 학생들이 지도를 소개하면서 전체 발표한 내용입니다.

"친구들아! 지하철 역에서 우리 학교까지 오는 도로는 차가 많이 다녀. 인도가 없어서 조심해야 돼. 차가 많이 지나가서 잘 쳐다보고 걸어야 돼."

"친구들아! 파란색(표시)은 겨울에 너무 미끄러워서 조심해야 해. 오렌지색(표시)은 우리 집 주변인데 택시 아저씨들이 주차하기 힘들다고 계속 뺑 돌아와."

"친구들아! 우리 집은 너무 멀어서 여기서부터 걸어서 오는데, 차와 사람이 같이 다녀서 오토바이도 쌩 지나가. 술집이 진짜 많아. 아침에 학교 올 때는 문이 닫혀 있는데, 그때도 술에 취한 아저씨를 본 적이 있어."

나는 안전지킴이! - 연결해요

이 수업을 통해 학생들은 친구들과 생활 안전정보를 탐색하고 공유하면서 안전한 등하교와 위험 방지를 위한 실천 다짐의 기회를 가졌습니다. 글쓰기, 네 컷 만화 그리기, 표어 만들기 등 다양한 방법으로 나의 다짐을 표현해 볼 수 있습니다. 실천 방법이 담긴 짧은 한 문장 쓰기로 자신의 생각을 표현해보았습니다.

- 캄캄해지면 놀지 말고 얼른 집에 가요. 부모님과 함께 다녀요
- 나는 쥐가 싫다. 소름 끼친다. 그 골목은 피해 다녀야겠다.
- GS25 앞에서 학교까지 내리막길이라 겨울에는 뛰어 내려오지 말아야겠다.
- 오토바이가 가끔 확 지나간다. 항상 주변을 살펴야 한다.
- 할머니 할아버지가 등굣길 교통 봉사를 해주셔서 고맙다.

학교 주변은 다세대 빌라가 밀집되어 있고 아주 좁고 구불구불한 골목이 매우 많습니다. 생활안전지도(safemap.go.kr)로 이 지역을 검색해보면, 학교 주변의 차가 다니는 큰 길을 빼고는 치안 등급이 매우 낮은 골목길이 많은 편입니다. 생활안전지도를 만드는 과정에서 학생들은 어두운 밤에 골목길을 다니면 위험하니 되도록 나가지 말고, 부모님과 항상 같이 다녀야겠다고 다짐하게 되었습니다. 이러한 지역적 특성을 고려한 생활 안전 지도 만들기는 배움이 삶으로 연결되는 의미 있는 수업이었습니다.

Chapter 6

행복한 우리 반을 위한 반가 만들기

사이좋고 행복한 6학년이 되자는 마음으로 그림책 「행복한 청소부」를 선택했습니다. 음악과 문학을 좋아하는 행복한 청소부처럼 6학년과 함께 즐겁게 노래를 만들고 불러보고 싶었습니다. 그림책 수업으로 행복한 6학년을 위한 반가를 만들어 보았습니다.

대상은 6학년이고 창체 4차시 수업입니다. 하브루타 들생만나연의 과정으로 설계된 4차시 수업을 통해 학생들은 그림책과 친구를 만나고, 생각을 나누었습니다.

행복한 청소부가 베토벤을 만나면! - 들어요 & 생각해요 & 만나요

소개하는 이 수업에서는 '들어요'와 '생각해요'의 단계가 그렇게 명확하지는 않습니다. 잘 보고, 들으면서, 생각하기까지 연결되어 진행되었습니다. 이때 그림책이나 교과서의 '한 장면 관찰하기'를 위해 'See-Think-Wonder'라는 사고루틴을 사용했습니다.

"무엇이 보이나요?"

무엇을 보았는지에 대한 질문은 학생들을 편하게 해줍니다. 대부분의 학생들이 보이는 것을 잘 찾아 답합니다. 교사의 눈에 보이지 않은 작은 부분까지도 찾아 답을 합니다. 한편, 보이는 것을 넘어서 생각한 것을 답하기도 합니다. 이런 질문의 목적은 두 가지입니다. 하나는 쉽게 답할 수 있는 질문을 통해 학습에 대한 학생들의 동기유발을 돕는 것, 다른 하나는 관찰의 힘을 기르는 것입니다.

「행복한 청소부[27]」의 표지를 보여 주면서 "무엇이 보이나요?"라는 질문을 하고는 한 모둠의 학생들을 차례로 시켜봅니다. 답하기 쉬운 질문일 때는 이렇게 차례로 말하게 하면 학생들은 한 명씩 '파란색', '행복한 청소부', '사다리', '날개 달린 말' 등 편하게 말하면서 수업에 들어옵니다.

학생: 표정이 편안해 보여요

교사: 편안해 보인다는 것은 본 것일까? 생각한 것일까?

학생: 생각이요.

교사: 그렇지, 본다는 것과 생각한다는 것은 다른 것이죠? 이제 '보기' 다음 '생각하기'로 가보자. 생각한 것을 말해 봅시다. 10초만 생각해 보세요. 그리고 이번엔 5모둠이 발표해 봅시다.

5모둠의 학생들이 한 명씩 '행복해 보인다. 무섭다.'라고 생각을 말합니다.

교사: 그렇다면 이제는 본 것, 생각한 것을 토대로 궁금한 것을 말해 보아요.

학생: 왜 책 제목이 행복한 청소부일까?

교사: 지금까지 우리는 See-think-wonder[28]라는 사고루틴 방법으로 책 표지를 보았어요. 이제는 짝과 이야기를 나눠 보는 거예요. 서로 본 것, 생각한 것, 궁금한 것을 나눠 보는 거예요. 선생님이 그림을 하나 보여줄게요.

교사 주도로 '들생'을 했다면 이제 짝과 함께 '만'나면서 함께 듣고 생각과 질문을 나누는 '들생만'의 시간을 가집니다. 「행복한 청소부」에는 음악가 베토벤의 이름이 등장합니다. 학생들에게 교사가 준비한 베토벤의 초상화를 보여줍니다. 학생들은 짝과 함께 그림에서 본 것, 생각한 것, 궁금한 것 중 한 개 또는 두 개를 선택

---

27 「행복한 청소부」, 모니카 페트 글, 안토니 보라틴스키 그림, 김경연 역, 도서출판 풀빛(2000).
28 참고 사이트: https://pz.harvard.edu/resources/see-think-wonder

해서 하고 싶은 이야기를 나눕니다.

교사: 짝과 이야기한 내용을 함께 나눠 보아요.

학생1: 숲이 보여요.

학생2: 연필이 보여요.

학생3: 옷이 두꺼운 것을 보니 날씨가 추운 것 같아요.

학생4: 코가 빨간 것도 추워서 그런가 봐요.

학생5: 악보를 들고 있어요.

학생6: 추운데 왜 숲에서 악보랑 연필을 들고 있어요?

학생8: 왜 정면을 저렇게 인상을 쓰고 보고 있을까요? 초상화인데 웃지 않아요.

교사: 왜일까? 베토벤이 어디가 안 좋았죠?

학생들: 귀요.

교사: 음악가인데 귀가 안 좋아요, 웃음이 날까요?

학생들: 속상해요.

학생9: 아, 그래서 저렇게 인상을 쓰고 있나 봐요.

학생10: 저도 아플 때 인상을 쓰게 되는 것 같아요.

교사: 귀가 좋지 않았던 베토벤의 취미는 산책이었어요. 그래서 배경이 숲이고 악보와 연필을 들고 있네요. 곡을 구상하고 있는 것이겠죠? 그림 하나에 베토벤의 다양한 이야기가 담겨있네요. 여러분이 짝과 함께 찾아주셨어요.

이제 짝과 함께 읽을 수 있는 읽기 자료를 줍니다. 학생들은 글을 한 문장씩 읽고 서로에게 문장에서 답이 보이는 질문을 합니다.

베토벤은 작곡가이자 피아니스트입니다.
1770년 독일의 본에서 태어났습니다.
1797년 자신의 청력에 문제가 있음을 알게 되었습니다.
합창교향곡은 1824년 베토벤이 작곡한 9번 교향곡입니다.
청력이 완전히 상실된 상태에서 쓴 이 음악은 노래와 합창을 수반한 교향곡입니다.

답이 보이는 질문을 나누는 학생들의 대화

학생1: 베토벤은 작곡가이자 피아니스트입니다.
베토벤은 작곡자이자 무슨 일을 더 했나요?
학생2: 답은 피아니스트.
1770년 독일의 본에서 태어났습니다.
1770년 어디에서 태어났나요?
학생1: 독일의 본.
1797년 자신의 청력에 문제가 있음을 알게 되었습니다.
베토벤은 어디에 문제가 있음을 알게 되었나요?

짝과 답이 보이는 질문 나누기는 학생들이 좋아하는 활동입니다. 번갈아 문장을 소리 내어 읽고 짧은 문장에 집중하여 나누는 활동이라 부담 없이 잘 참여합니다. 10줄 정도의 문장을 짝과 함께 읽고 질문을 주고받은 다음에는 짝을 바꿔 진행해 봅니다. 이렇게 답이 보이는 질문 나누기 활동을 통해 학생들은 자신들의 독서 습관을 돌아보기도 합니다.

학생1: 나는 꼼꼼하게 책을 읽는 편입니다.
학생2: 나는 어떤 책은 꼼꼼하게 읽고 어떤 책은 대강 읽습니다.
학생3: 나는 평소에 책을 건너 건너 읽는데 앞으로 이렇게 공부해야겠습니다.

행복한 질문쟁이 되기 – 생각해요 & 만나요

「행복한 청소부」를 학생들과 함께 읽었습니다. 그리고 '탐구란 무엇인가?'라는 말을 통해 질문의 질을 높여봤습니다. 우선 탐구를 알아보기 위해 프레이어 모델[29]을 사용했습니다. 학생들은 다음과 같이 탐구라고 생각하는 것, 탐구가 아니라고 생각하는 것을 떠올리며 탐구의 개념에 다가갔습니다.

학생들이 하는 질문은 그 자체로 가치가 있다고 생각합니다. 그러나 좀 더 생각해 볼 수 있는 질문을 만들어본다면 서로의 다양하고 다른 생각을 만나고 서로가 성장하는 길이라고 생각합니다. 이에 조금 더 생각할 수 있는 질문, '탐구질문'이라는 용어를 사용했습니다. 그러자 학생들의 질문이 꽤 좋아 보였습니다.

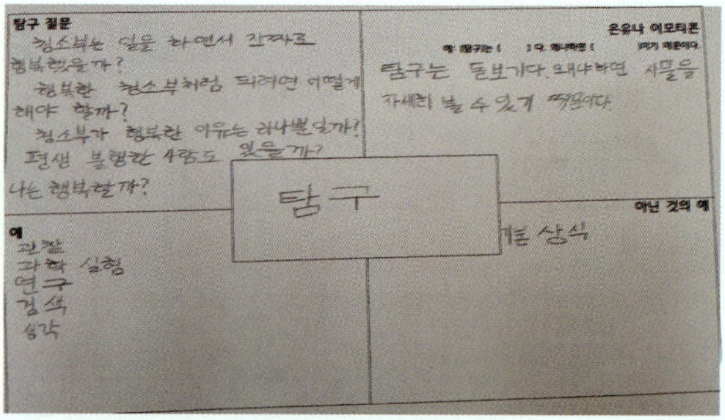

탐구질문	은유나 이모티콘
청소부는 일을 하면서 행복했을까? 행복한 청소부처럼 되려면 어떻게 해야할까? 청소부가 행복한 이유는 하나뿐일까? 평생 불행한 사람도 있을까?	예) (탐구)는 ( )이다. 왜냐하면 ( )이기 때문이다 탐구는 돋보기다. 왜냐하면 사물을 자세히 볼 수 있기 때문이다.
예	**아닌 것의 예**
관찰 과학 실험 연구 검색 생각	기본 상식

탐구

29 프레이어 모델: 새로운 개념이나 어휘를 학습할 때 효과적으로 활용될 수 있는 시각적 학습 도구이다. 개념기반탐구 학습에서 개념형성단계에서 많이 사용하는 그래픽 조직자이다.

그냥 '질문을 만들어보자'보다는 '탐구가 무엇일까'를 함께 알아본 후에 만든 질문이 학생들에게 좀 더 의미있게 다가가는 것을 느꼈습니다. 학생들이 만든 생각 질문, 탐구 질문은 다음과 같습니다. 탐구라는 목적의식을 가진 결과가 아닐까 생각합니다.

학생들의 탐구질문

1. 요즘 내가 놓치고 있는 것이 있을까요?
2. 행복한 청소부처럼 자기가 좋아하는 분야를 깊게 공부할 수 있나요?
3. 아저씨는 왜 음악가나 작가에 대해 알아보기로 했나요?
4. 청소부가 작가가 작곡가에 대해 알아가며 어떠한 면에서 발전할 수 있을까?
5. 청소부가 음악가들을 '가장 높은 친구'라고 묘사한 이유가 무엇일까?
6. 글루쿠가 잘못되었다고 한 학생은 청소부의 인생에 어떠한 영향을 미쳤을까?
7. 청소부는 음악에서 무엇을 느끼기에 행복할까?
8. 만약 위대한 음악가, 작가와 같은 예술가들을 잊으면 어떻게 될까?

질문 만들기를 한 후 다음 차시에서 학생들이 만든 질문을 정리해서 보여 주면 학생들은 호기심을 드러냅니다. 뿌듯해하는 표정도 볼 수 있습니다. 짝과 함께 질문을 선택해서 이야기 나누는 시간, 짝을 바꿔 이야기 나누는 시간을 가져봅니다.

질문쟁이들의 파티 - 나누어요

짝과 만나 서로의 생각을 나누는 활동 이후에는 또 다른 친구들의 생각이 궁금해집니다. 자리에 앉아서 생각을 나눌 수 있지만 일어서서 이야기를 나누기도 합니다. 동그랗게 두 원으로 만들고 짝을 바꿔 가는 방법도 좋습니다. 노래와 율동을 하면서 짝을 바꿔보는 활동도 추천합니다. 이 활동은 하브루타 유투브에 소개되어 있습니다.

즐겁게 인사해요. 우리 모두 다같이 즐겁게	

이 노래에 맞춰 율동하고 돌아서면 짝이 바뀝니다. 하나의 질문으로 다른 친구들의 다양한 답을 들을 수 있습니다. 또한 말하기 쑥스럽다면 반복되는 연습으로 자신감이 생길 수 있습니다.

노래로 행복한 6학년 – 연결해요

학생들의 삶과 배운 내용을 연결하는 활동으로 6학년 반가를 만들어보았습니다. 반가를 만들기 전 행복한 청소부와 베토벤, 행복한 청소부와 나, 베토벤과 나를 벤다이어그램으로 연결해 보았습니다.

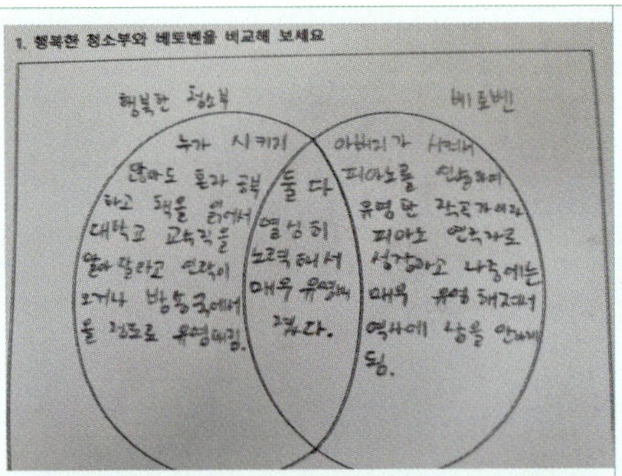	청소부: 누가 시키지 않아도 혼자 공부함, 대학교 교수직을 맡아달라고 연락이 오거나 방송국에서 올 정도로 유명해짐 베토벤: 아버지가 시켜서 피아노를 연습하여 유명한 작곡자, 피아노 연주자로 성장함, 나중에는 매우 유명해져 역사에 남을 만하게 됨 공통점: 둘 다 열심히 노력해서 매우 유명해졌다.
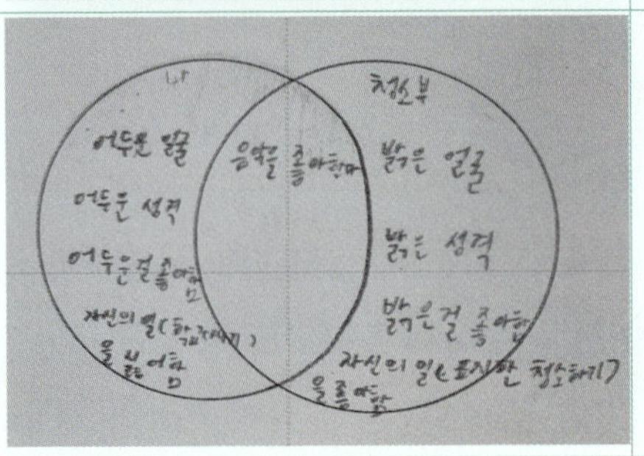	나: 어두운 얼굴, 어두운 성격, 어두운 것을 좋아함, 자신의 일(학교다니기)을 싫어함 청소부: 밝은 얼굴, 밝은 성격, 밝은 것을 좋아함 자신의 일(청소하기)를 좋아함 공통점: 음악을 좋아한다.

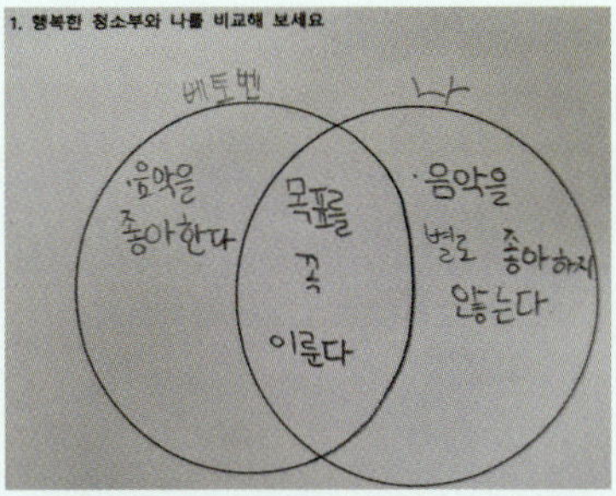

나: 음악을 별로 좋아하지 않는다.
베토벤: 음악을 좋아한다.
공통점: 목표를 꼭 이룬다.

그리고 학생들이 많이 알고 있는 친숙한 멜로디인 베토벤의 '환희의 송가'를 잠시 감상해 보았습니다.

행복한 청소부처럼 행복한 6학년이 되기 위해 어떻게 하면 좋을까에 대한 글을 적고 그 글을 다듬어 16마디 가사로 만들어 함께 불러보았습니다. 이때 '321'전략으로 생각의 정리를 도왔습니다. 사고루틴 중 '321 브릿지[30]'는 단원 시작 전과 시작 후 달라지고 성장한 모습을 성찰하는데 주로 사용되는 학습 방법입니다. 본 수업에서는 '321'전략으로 응용하여 베토벤에게서 나로 집중할 수 있는 질문을 만들어본 후 '아름다운 우리반', '행복한 우리반'을 위한 글을 적어 보는 활동으로 전개했습니다. 생각이나 질문을 3개 → 2개 → 1개로 나열하면서 질문을 자신에게 집중하는 방법으로 응용해 보았습니다.

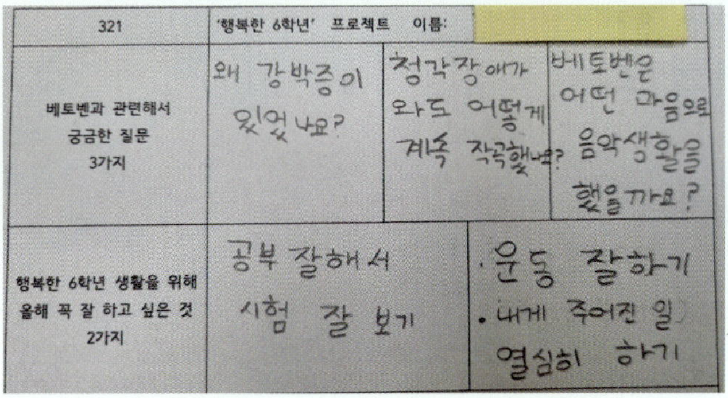

30 '321 bridge': 학습이 이루어지기 전과 후에 주제 에 대한 초기 생각, 아이디어, 질문 및 이해를 돕는 사고 전략. 주제에 대한 3개의 단어-2개의 질문-1개의 은유적 표현으로 진행된다.
출처: https://thinkingpathwayz.weebly.com/321bridge.html

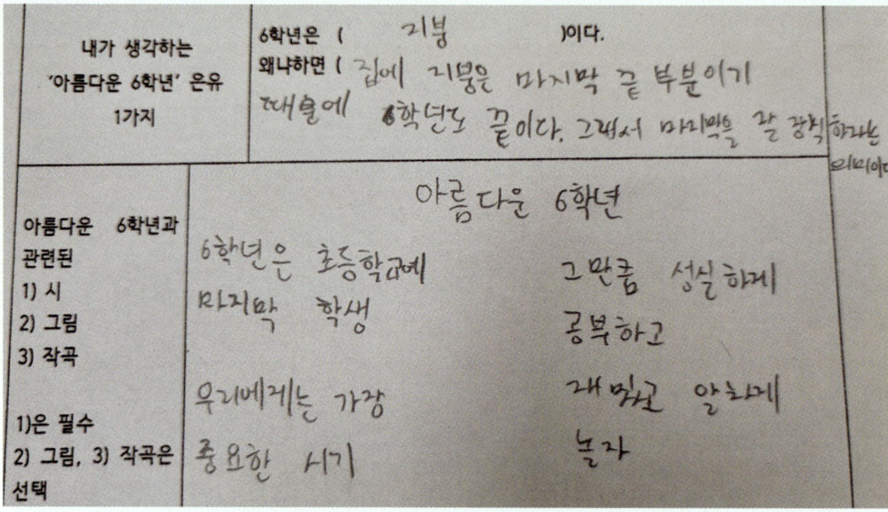

내가 생각하는 '아름다운 6학년' 은유 1가지	6학년은 (지붕)이다. 왜냐하면 (집에 지붕은 마지막 끝 부분이기 때울에 6학년도 끝이다. 그래서 마지막을 잘 장식하자는 의미이다.
아름다운 6학년과 관련된 1) 시 2) 그림 3) 작곡 1)은 필수 2) 그림, 3) 작곡은 선택	아름다운 6학년 6학년은 초등학교에 마지막 학생 우리에게는 가장 중요한 시기 그만큼 성실하게 공부하고 재밌고 알차게 놀자

<table>
<tr><th>321</th><th colspan="3">'아름다운 6학년 프로젝트' 이름:***</th></tr>
<tr><td>베토벤과 관련해서 궁금한 질문 3가지</td><td>왜 강박증이 있었나요?</td><td>청각 장애가 와도 어떻게 계속 작곡했나요?</td><td>베토벤은 어떤 마음으로 음악생활을 했을까요?</td></tr>
<tr><td>아름다운 6학년 생활을 위해 올해 꼭 잘하고 싶은 것 2가지</td><td>공부 잘해서 시험 잘보기</td><td colspan="2">운동 잘하기
내게 주어진 일 열심히 하기</td></tr>
<tr><td>내가 생각하는
'아름다운 6학년'은유
1가지</td><td colspan="3">6학년은 (지붕)이다.
왜냐하면 (집에 지붕은 마지막 끝 부분이기 때문에 6학년도 끝이다. 그래서 마지막을 잘 장식하자는 의미이다)</td></tr>
<tr><td>아름다운 6학년과 관련된
1) 시
2) 그림
3) 작곡

1)은 필수, 2,3은 선택</td><td colspan="3">아름다운 6학년
6학년은 초등학교때 마지막 학생
우리에게 중요한 시기
그만큼 성실하게 공부하고
재밌고 알차게 놀자</td></tr>
</table>

학생들과 함께 만들어본 가사와 노래의 예

'학교에서 선생님 말씀 잘 들어라'

예전에 내가 학교 다닐 때 엄마에게서 가장 많이 들은 말입니다.

7년 정도 하브루타 공부를 한 지금,

'안다'

학생들과의 첫 만남에서 이렇게 칠판에 씁니다.

"여러분이 지금까지 살면서 중요하게 생각하는 것은 무엇인가요? 사람마다 중요하게 생각하는 것은 달라요. 선생님은 여러분이 다 '안다'라는 철학을 가지고 있어요. 여러분은 많이 알고 있어요, 저는 여러분이 알고 있는 것을 끄집어내 주는 사람, 알고 있는 것을 할 수 있게 해 주는 사람입니다."

학생들이 '안다'고 믿는 것은 하브루타 교실에서 매우 중요합니다. 하브루타의 핵심인 친구와 말할 때 교사는 모든 학생들의 이야기를 들을 수 없습니다. 학생들은 자신의 이야기를 말하고 또 짝의 이야기를 들어야 합니다. 학생들이 아무것도 알지 못해 교사가 하나부터 열까지 가르쳐 주어야 한다고 생각하면 절대 할 수 없는 활동입니다.

학생들이 '안다'라고 믿는 기저에는 구성주의 교육철학이 있습니다. 그들이 능동적으로 지식을 구성해 나갈 수 있는 존재임을 믿고 구성할 수 있는 기회를 주는 것입니다.

하브루타의 세상에서 학생들은 종종 제가 생각하지도 못한 것을 찾아냅니다. 학생들은 4지 선다형의 정형화된 답이 아닌 자신의 생각을 '그대로' 표현합니다. 책 표지로 질문 만드는 과정에서 학생들의 눈으로 본 책 표지에 대한 질문과 대답을 서술하면 다음과 같습니다.

한 학생이 손을 든다.

학생1: 앞표지 뒤는 뒤표지인가요?

교사: 그렇지

학생2: 앞표지와 뒤표지 사이는 책등이죠?

몇몇 학생들이 그렇다고 한다. 한 학생이 고개를 갸우뚱하면서 손을 든다.

학생3: 책등의 윗부분은 책 목 그러면 책등의 아랫부분은 책 엉덩이겠어요

책 표지 하나만으로도 학생들의 참여가 풍성하게 될 수 있었던 것은 학생들의 질문과 대답 덕분입니다. 학생들의 생각이 다양한 말로 표현되는 교실에서의 수업은 파티처럼 홍이 있어 '행복한 청소부'처럼 모두 행복합니다.

Chapter

7

나, 시인이거든!

동시 속에 스며든다는 것은 무엇일까?

"아무 느낌이 없어요.", "그런 경험 없는데요." 이렇게 학생들이 문학 작품을 읽고 그 내용을 충분히 느끼고 공감하지 못하는 경우를 흔히 볼 수 있습니다. 그래서 교사가 잘 안내하는 것이 필요합니다. 타인의 상황과 감정을 자신의 경험과 연결 지으며 맘껏 표현하게 하고 싶어서 시끌시끌 프로젝트 수업을 기획하였습니다. 시끌시끌 프로젝트 중 1학년 학생들과 '마음을 나타내는 시 쓰기' 수업을 소개합니다.

학생들에게 제시한 포스터

'시끌시끌 프로젝트'는 시를 끌적끌적거리는 활동이다. 1학년 국어과 독서 단원과 연계하여 동시집을 함께 읽고 친구들과 소통과 공감의 장을 마련한다. 다양한 방법으로 시를 느껴보고 자신의 생각을 시로 쏟아낸 것을 모아서 학급별 창작 시집을 만든다. 개발새발 저마다의 개성을 뽐내는 시를 낭송하며 꼬마 작가들의 시문학 잔치를 펼친다.

이제 갓 책 읽기에 눈을 뜬 1학년 학생들에게 어떻게 공감을 키워줄 것인지 고민하다 그림책이 다가왔습니다. 그림책은 글과 그림이 조화롭게 이루어져 있어 짧은 이야기를 쉽게 이해하도록 합니다. 학생들은 그림책을 통해 다른 사람의 생각과 느낌을 알게 됩니다. 또한 그림책의 짧은 글은 시와도 비슷하여 나도 시를 지을 수 있다는 자신감을 줍니다. 다양한 이야기를 생각해낸 학생들은 거기에 자신의 경험을 덧붙여 나를 표현하는 시를 창작하고 낭송하였습니다. 그리고 다른 친구들의 시를 감상하였습니다.

'어떡하지'는 어떡하지?- 들어요

앤서니 브라운의 「어떡하지?[31]」는 1학년 학생들에게 문학적 상상력을 자극하고 공감적 요소가 드러난 그림책입니다. 생일파티 초대장을 잃어버린 '조'는 엄마와 함께 친구의 집을 찾아가면서 어떤 일이 벌어질지 걱정합니다. 막상 친구 집에 들어간 '조'는 즐거운 생일 파티를 보냅니다. 주인공을 통해서 새로운 일에 대한 지나친 걱정과 불안 그리고 생일 파티에서의 즐거움이 고스란히 드러나는 이야기입니다.

책 표지의 그림을 보며 등장인물의 모습을 관찰하고 어떤 기분일지 이야기를 나눕니다. 파란색 배경 화면에서 느껴지는 분위기와 그렇게 생각하는 이유도 곁들여 말하게 합니다. 그리고 제목을 가린 그림책 표지에 어떤 제목이 어울릴지 상상해 보고, 앞으로 벌어질 일도 예측하게 합니다.

「어떡하지?」 그림책 제목을 공개하고 "어떡하지?"라는 말은 평소에 어떤 상황에서 말하는지 떠올려보게 합니다. 앞으로 책 표지의 아이에게 어떤 일이 일어날 것인지 상상하며 호기심을 유발합니다. 그림책을 읽어주기 전에 주인공 '조'와 같은 경험이 있었는지 생각해 보면서 듣도록 관점을 제시한 후 그림책을 읽어주면 효과적입니다.

몸으로 질문하기 - 생각해요

그림책을 읽은 후 질문과 대화로 학생들이 생각의 깊이를 더해 갑니다. 1학년 학생들은 주로 사실 질문에 주력하여 내용에 대한 이해를 돕는 것이 좋습니다.

31 「어떡하지?」, 앤서니 브라운 저, 홍연미 역, 웅진주니어(2013).

표지 제목 가리고 질문하기

(표지 제목을 가리고 질문하기)

- 책에 누가 나오지?
- 어떤 일이 일어났어?
- 조의 표정은 어때?
- 조는 어떻게 행동했어?
- 조의 모습을 흉내 내어 볼까?

막대 인형을 이용하여 등장인물(조, 엄마)의 말을 흉내 내어 봅니다. 그리고 어떻게 말하면 진짜 '조'가 된 것처럼 말할 수 있는지 이야기해 봅니다. 교사는 엄마가 되고 학생들은 '조'가 되어 말 주머니를 읽으며 주인공의 입장을 헤아려보게 합니다. 그리고 연습이 끝난 후 짝과 번갈아 가면서 엄마와 '조'가 되어 실제로 역할극을 실시합니다.

조: 만약에 생일 파티에 모르는 아이가 있으면 어떡하죠?

엄마: 걱정할 거 없어. 새 친구를 만나는 건 좋은 일이잖니.

조: 만약에 사람들이 엄청나게 많으면 어떡하죠?

엄마: 글쎄, 그럴 수도 있겠지.

조: 내가 싫어하는 음식들만 있으면 어떡하죠?

엄마: 틀림없이 네가 좋아하는 음식들이 잔뜩 있을 거야.

조: 만약에 무시무시한 놀이를 하면 어떡하죠?

엄마: 안 그럴 거야. 재미있는 놀이만 할걸.

조: 만약에 거기 있기 싫으면 어떡하죠?

엄마: 두 시간 뒤에 올게. 걱정하지 마.

이렇게 역할극을 하면서 주인공 '조'의 상황과 감정을 경험하며 서로 공감한 것을 자유롭게 이야기합니다.

교사: 조는 어떤 상태입니까?

학생1: 생일 파티에서 새로운 친구들과 노는 것이 걱정스러워요.

교사: 조가 걱정하는 것을 보니까 어떤 마음이 듭니까?

학생2: 나도 걱정했던 순간이 떠오릅니다.

교사: 조는 왜 그렇게 행동했을까요?

학생3: 처음으로 생일 파티에 가게 되어서 불안하고 걱정스러워요.
나도 처음 생일 파티에 갈 때 걱정이 되었어요.

교사: 엄마는 조가 어떤 마음인지 알고 있을까요?

학생4: 예. 엄마도 조가 걱정스러워하는 마음을 잘 알고 있어요.

교사: 왜 그렇게 생각하나요?

학생5: 엄마가 아들을 생일 파티에 보내놓고 걱정하는 장면이 나와요.
거기서 엄마도 우리랑 똑같이 걱정한다는 것을 알았어요.

나도 그랬어. 너도? - 연결해요

그림책 속에 등장한 인물의 상황과 감정에 충분히 공감하였다면 앎이 삶으로 전이될 수 있습니다. 등장인물의 입장이 되어 공감한 것을 자신의 경험과 연결 지어 말로 표현합니다.

교사: 네가 조라면 어떻게 하겠니?

학생1: 제가 생일 파티에 초대되어 가면 기분 좋아요.

교사: 걱정하고 있는 조에게 뭐라고 말해주면 좋을까?

학생2: 조, 걱정할 거 없어.
생일 파티에 가면 맛있는 것도 많고 게임도 할 수 있어.

교사: 생일 파티를 즐길 수 있어 기분이 좋았구나.
혹시 조처럼 걱정했던 적이 있니?

학생3: 저는 은행 열매를 밟을까 봐 걱정이 되었어요.
은행의 지독한 냄새가 싫거든요.

교사: 은행을 밟아서 속상했구나.
　　　은행을 밟은 친구한테 뭐라고 말해주면 좋을까?

학생4: 괜찮아. 신발을 땅바닥에 쓱쓱 비비면 냄새가 없어질 거야.

학생5: 앞으로 은행이 떨어졌나 땅바닥을 잘 보고 다니면 그런 일 없을 거야.

나, 시인이거든! - 만나요

「어떡하지?」 그림책 내용을 담은 동시를 제시하여 시를 감상합니다. 동시는 줄글과 어떻게 다른지 관찰하며 동시의 개념을 탐구합니다. 그리고 동시를 읽고 느낀 점을 이야기하며 표현에 대한 욕구를 자극합니다.

교사가 먼저 그림책을 읽고 창작한 동시를 소리 내어 읽어보고 그 시의 느낌을 이야기합니다. 교사의 시를 보고 아이들은 어떤 내용을 담을지 예측할 수 있습니다.

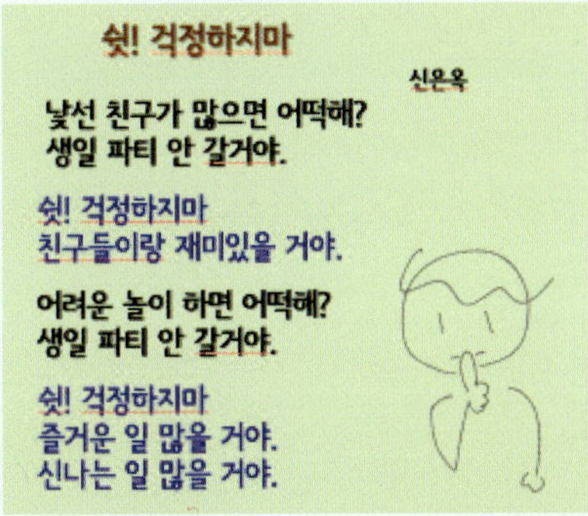

- 누가 나왔니?
- 어떤 일이 일어났니?
- 어디에서 일어난 이야기일까?
- 언제 이런 기분이 들까?
- 왜 그런 마음이 들었을까?
- 동시를 들어보니 어떤 느낌이 드니?

학생들이 충분히 동시에 머물러서 공감했다면 느낌을 살려 시를 낭송합니다. 동시 속에서 반복되는 운율이나 흉내 내는 표현 등 재미있는 부분을 찾아봅니다. 학생들은 자연스럽게 동시가 리듬을 살려 짧게 줄여 쓰는 글임을 깨닫게 됩니다.

조와 비슷한 경험을 한 친구들의 이야기를 들으며 어떤 생각이 드는지 친구들과 이야기를 합니다. 언제 걱정되었고, 그때 부모님이나 친구들은 나에게 어떻게 했는지 자유롭게 말합니다. 다양한 친구들의 경험을 들으며 걱정되었거나 즐거웠던 일들 중에서 한 가지 주제를 정하여 동시를 씁니다. 먼저 동시의 제목을 무엇으로 하면 좋을지 동시 제목을 정합니다. 그리고 걱정이나 즐거움에 대해 떠오르는 생각을 브레인스토밍을 하면서 동시 내용을 구체화합니다. 이때 다음의 질문으로 생각을 도울 수 있습니다.

- 너는 걱정할 때가 언제야?
- 넌 무엇을 할 때 즐겁니?
- 언제 그랬었니? 그때 어떤 기분이 들었니?
- 그때 주변 사람들이 어떻게 해주었니?

이렇게 순서대로 생각을 정리하여 동시의 꼴을 갖출 준비를 합니다. 놀이할 때 어떤 소리나 냄새가 났는지, 그때 마음을 색깔로 표현한다면 무슨 색깔인지 등 꾸며주는 말을 넣도록 안내합니다. 그리고 어떻게 하면 글을 짧게 줄일 수 있을지, 어디를 바꾸면 좋을지 등 서로 의견을 주고받습니다. 학생들이 점점 노래하듯 리듬을 살려 짧게 줄이는 연습을 하면서 시를 쓰게 합니다. 그렇게 학생들의 솔직 담백한 마음이 시로 탄생할 것입니다.

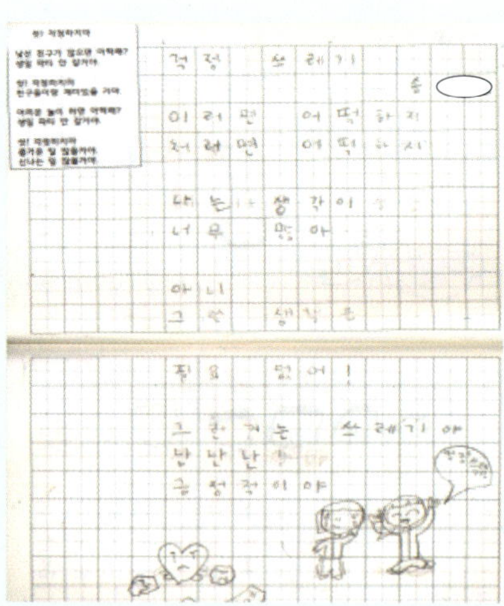

걱정 쓰레기

송OO

이러면 어떡하지
저러면 어떡하지

나는 생각이
너무 많아.

아니
그런 생각은
필요 없어!

그런 거는 쓰레기야
난 난 난!
긍정적이야

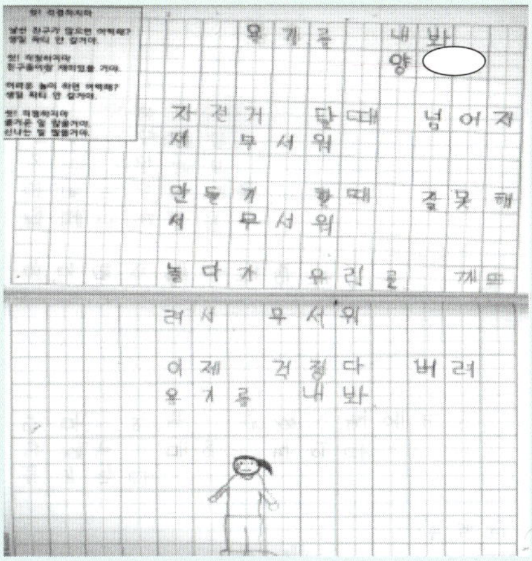

용기를 내봐

양00

자전거 탈 때 넘어져서
무서워

만들기 할 때 잘못해서
무서워

놀다가 유리를 깨뜨려서
무서워

이제 걱정 다 버려
용기를 내봐.

시끌벅적 시 낭송회에 오세요! - 나누어요

학생들이 새롭게 쓴 시를 친구들 앞에서 낭송합니다. 그리고 친구들이 쓴 시를 감상하며 서로 느낌을 공유합니다. 친구가 쓴 시를 자세히 감상하고 칭찬할 점과 아쉬운 점, 개선할 점을 붙임 쪽지에 써서 붙입니다. 학생들은 친구의 피드백을 반영하여 조금 더 시를 다듬어 완성도를 높입니다.

학생1: 00이가 쓴 동시에 어떤 마음이 느껴지니?

학생2: 자전거를 타다가 넘어질까, 만들기를 잘못 할까봐 무서워하고 있어.

학생1: 00이한테 어떤 말을 해주고 싶어?

학생2: 괜찮아. 넌 할 수 있어. 용기를 내봐.

학생1: 용기를 내라고 하니까 따뜻한 동시가 되었어. 내 기분도 따뜻해진다.

학생들이 쓴 시를 다듬어 간단한 그림을 곁들여 시화를 제작합니다. 꼬마 작가와의 만남을 통해 자신이 쓴 시를 유치원 아이들에게 낭송하는 기회를 제공합니다. 그리고 학교의 여유 공간에 전시하거나 시집을 만들어 나누어 갖는 것도 좋습니다.

Chapter 8

그림책 하브루타에서 AI 포럼까지

최근에 큰 이슈가 되었던 AI의 비약적 개발과 관련하여 'AI와 인류의 행복'에 대해 이야기해 보고 싶었습니다. 그림책 하브루타로 생각의 문을 열고 추가 읽기 자료를 통해 찬반토론으로 연결하였습니다. 그런데 놀랍게도 토론 이후 학생들의 추가 질문이 맹렬히 쏟아져 나와서 'AI가 발전된 미래 사회'를 주제로 학생 포럼까지 확대하게 되었습니다. 5학년 학생들과 수업한 이야기 시작합니다.

내가 스갱 아저씨의 염소라면! - 들어요&만나요

'AI' 시대를 맞이하며 가장 중요한 이슈는 'AI를 우리 생활에서 얼마나 어떻게 사용해야 될까?'라는 것이라 생각했습니다.

이를 위해 '선택과 책임'을 주제로 하는 그림책으로 이야기를 열어 갔습니다. 학생들에게 「스갱 아저씨의 염소[32]」라는 그림책의 표지를 보고 질문하도록 하였습니다.

32 「스갱 아저씨의 염소」, 알퐁스 도데 글, 에릭 바튀 그림, 파랑새(2020).

학생들의 질문
- 왜 하늘이 빨간색이에요?
- 나무가 왜 저렇게 뾰족하고 까맣지요?
- 나무가 까맣고 배경이 빨간데 지금은 저녁인가요?
- 저기는 어디일까요?
- 염소가 왜 저기에 혼자 있나요?
- 제목이 '스갱 아저씨의 염소'라고 했는데 스갱 아저씨는 어디 있나요?

학생들의 궁금증을 가득 안고 책을 열어 전반부를 실감 나게 읽어 주었습니다.

전반부 줄거리:
스갱 아저씨는 염소를 좋아해서 집에서 염소를 키우는데 그동안 6마리의 염소가 매번 산으로 도망가 버렸고 모두 늑대에게 잡아먹혔다. 그래서 이번에 7번째 염소를 사 와서 이름을 '블랑께뜨'라 짓고 울타리를 치고 정성껏 보살폈다. 블랑께뜨는 처음에는 집이 좋았지만, 점점 산속에서 자유롭게 뛰어놀고 싶어졌다. 그러던 어느 날 갇혀있던 외양간 문이 열린 것을 알고 몰래 빠져 나갔다. 산속에서 하루를 실컷 놀고 저녁 어스름한 무렵, 앞에서는 늑대의 울음소리가 들려오고 뒤에서는 스갱 아저씨가 자신을 찾는 소리가 들려온다.

전반부까지만 읽고 학생들에게 한 가지 질문을 던집니다.

"만약 여러분이 블랑께뜨라면 아저씨와 함께 집으로 가겠나요? 아니면 산에 남겠나요?"

이제 학생들은 스스로 선택을 해야 합니다. 학생들은 자신이 블랑께뜨라도 된 양 흥분해서 입장을 외칩니다.

학생1: 집이요! 산은 너무 무서워요.

학생2: 산이요! 집은 너무 답답해요.

교사: 그래요? 그러면 지금부터 어느 쪽 의견이 옳은지, 주장에 따른 근거를 들어서 토론을 하여 봅시다. 양쪽의 의견에 대한 근거를 모두 찾아 써 주세요.

학생들은 양쪽의 입장 모두에 대한 근거를 가지고 짝을 바꿔가며 토론하는 물레방아 토론을 합니다. 물레방아 토론은 1:1로 마주보며 토론을 하는 것인데 1차 토론이 끝나면 안쪽의 학생들이 자리를 바꾸어 새로운 짝과 만나 2차 토론을 하고 같은 형식으로 짝을 바꾸어 3, 4차 토론을 하는 것입니다. 주장은 교사가 정해줍니다.

처음 1, 2차 토론을 할 때는 교실의 왼쪽에 앉은 학생이 '집으로 돌아가는 것'을, 오른쪽에 앉은 학생은 '산에 남는 것'을 주장하게 하고, 3, 4차 때는 입장을 바꾸어 주장하게 합니다. 이렇게 하는 까닭은 한 가지 입장만 끝까지 주장하며 승패를 가르는 것보다 상대방의 입장까지도 모두 경험하도록 하기 위함입니다. 나아가 인물의 갈등 상황에 대해 입체적으로 이해할 수 있습니다.

물레방아 토론을 마치고 최종적으로 선택한 각자의 입장과 근거가 무엇인지 발표를 하며 정리합니다. 학생들의 답변에서 나온 키워드를 칠판에 적어가며 정리하면 생각을 시각화시켜 주어 이해하기 쉽습니다.

찬찬히 질문하며 학생들이 각 입장에 대한 생각을 정리하도록 도와주었습니다.

교사: 집에 가야 한다는 입장에서는 무엇을 중요하게 생각하나요?

학생1: 산에 가면 늑대한테 목숨을 잃을 게 뻔한데 아저씨랑 사는 게 답답하더라도 일단 살고 봐야 하기 때문입니다.

교사: 생명을 중요하게 생각하는군요. 또 다른 가치를 찾자면 어떤 것이 있을까요?

학생2: 안전과 평화를 중요하게 생각한 것 같아요.

교사: 그렇다면 산을 선택하는 입장에서는 왜 산을 선택하였나요?

학생3: 혹시 늑대를 이길 수도 있고 자유롭게 사는 것이 너무 좋기 때문입니다.

교사: 자유를 중요하게 여기는군요. 또 다른 가치는 어떤 것이 있을까요?

학생4: 도전정신이요. 안 되도 해 보는 거요.

교사: 아, 그럼. 도전과 모험이라고 할 수 있겠네요. 그렇다면 이 두 가지 선택의 끝에 어떤 결말이 기다리고 있는지 한 번 볼까요?

이렇게 마무리하고 이야기의 뒷부분을 읽어줍니다.

후반부 줄거리:
블랑께뜨는 아저씨의 피리 소리를 등 뒤로 하고 산으로 깊이 들어가 늑대를 만나게 됩니다. 그리고 밤을 새워 맹렬히 싸우다가 죽음을 맞이합니다. 가장 오래 싸운 염소로 기억되기를 바라며.....

이 책의 마지막 장을 덮을 때 학생들에게는 항상 비슷한 반응이 나옵니다. 기대하던 해피엔딩이 아닌 주인공의 죽음이라는 충격으로 잠시 침묵이 흐르는 것이지요. 교사는 이제 다음 시간에 이 책이 우리에게 주는 의미는 무엇인지 이야기해 보기로 하고 수업을 마칩니다. 학생들 마음속에 '이게 뭐지?'라는 생각으로 혼란스러움과 생각의 여운을 남기는 수업입니다.

대체 왜 이렇게 끝난 거야! - 생각해요&만나요&나누어요

학생들에게 지난 시간 그림책 내용을 떠올리며 생각나는 것을 단어로 말하라고 합니다. 블랑께뜨, 스갱 아저씨, 산, 집, 늑대, 울타리, 외양간, 들꽃, 목줄 등이 나옵니다. 나온 단어들을 중심으로 이 책의 주요 인물에게 인터뷰 질문을 만들어 보게 합니다. 주요 인물은 블랑께뜨, 스갱 아저씨, 늑대, 이 책을 지은 작가의 네 명으로 한정합니다.

태블릿과 공유 보드를 이용하여 질문하면 다른 학생들의 질문을 보면서 자신의 질문을 다듬도록 합니다. 기기 사용을 안 하고 붙임 종이에 각자의 질문을 쓰고 큰 도화지에 붙여 모아도 좋습니다.

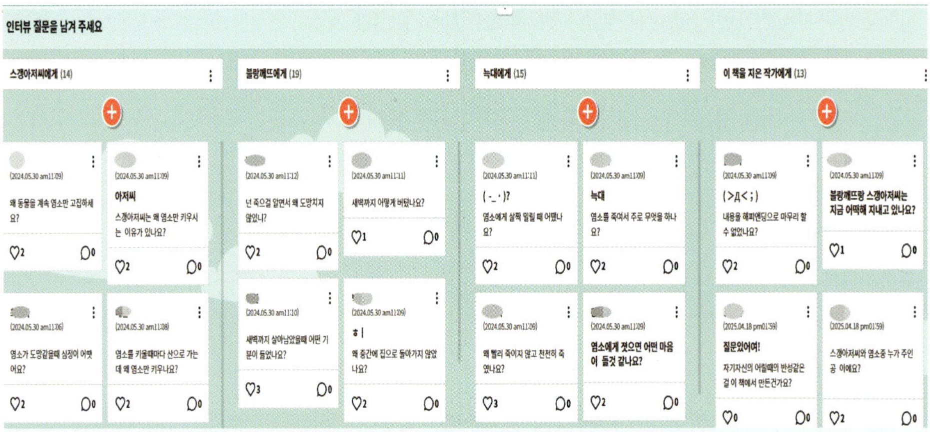

스갱 아저씨에게	블랑께뜨에게	늑대에게	작가에게
- 왜 계속 염소만 고집하세요? - 염소가 도망갔을 때 심정이 어땠어요? - 또 염소를 키우실 건가요?	- 넌 죽을 걸 알면서 왜 도망치지 않았니? - 새벽까지 살아남았을 때 어떤 기분이었니? - 다시 염소로 태어난다면 어떻게 할거니?	- 자신이 더 센 걸 알면서도 왜 살짝 뒷걸음질을 쳤니? - 블랑께뜨와 새벽까지 싸울 때 다른 염소들보다 더 힘들었니? - 다음에도 다른 염소를 만나면 잡아 먹을거니?	- 해피엔딩으로 마무리 해주실 수 없었나요? - 자신의 어릴 때 반성 같은 걸 이 책으로 쓰신 건가요? - 어떤 경각심을 주려고 이 책을 쓰셨나요?

이제 인물을 중심으로 학생들을 네 팀으로 나눕니다. 팀에 배정된 인물이 되어 나온 질문에 대한 답변을 준비하도록 시간을 줍니다. 그 팀은 모두 그 인물이 되는 것입니다. 핫시팅으로 그 팀의 한 명이 대표 발표자가 되어 교실 앞의 의자에 앉습니다. 나머지 팀원들은 혹시 도움이 필요할 때 뒤에서 보조해 주는 역할을 합니다. 앉아있는 학생들이 공유 보드에 나온 질문을 하면 앞에 있는 학생들이 답변을 합니다. 공유 보드 외에 생각나는 질문을 즉석에서 하도록 안내하고 권장합니다. 학생들은 알맞은 대답을 하기 위해 그림책을 찾아보며 진지하게 답변합니다. 그 모습이 사랑스럽습니다.

앞의 4명이 작가팀이 되어 답을 함.
나머지는 자리에 앉아서 인터뷰 질문을 함

(핫시팅 작가와 인터뷰 내용)
학생1: 책의 그림이 왜 그렇게 붉은가요?
학생2(작가): 책의 여기부터 배경이 붉어지잖아요. 이 때부터 염소가 밖에 나가고 싶어지면서 불안해진 것을 표현했습니다.
학생3: 왜 그렇게 새드엔딩을 해야 했나요?
학생2(작가): 자유에는 책임이 따른다는 것을 알려주고 싶었습니다.
학생4: 작가님의 경험과 관련이 있나요?
학생2(작가): 네. 제가 예전에 숙제를 안 하고 놀러 갔다가 크게 혼난 적이 있습니다.

지금까지의 활동을 돌아보고, 자신의 생각을 정리하여 짝에게 이야기한 후 이 책을 쓴 작가의 의도를 써 보게 하였습니다.

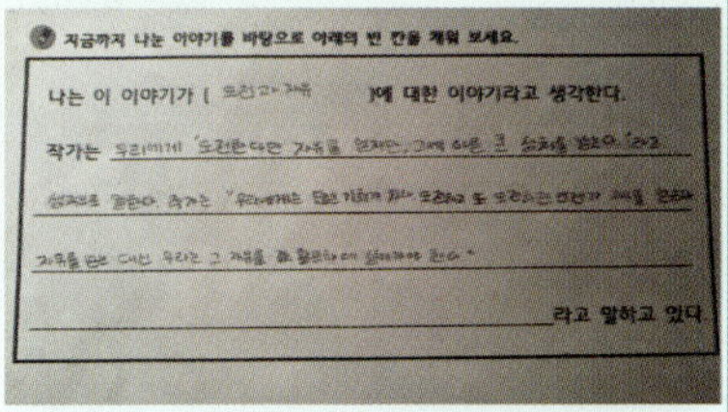

나는 이 이야기가 (도전과 자유)에 대한 이야기라고 생각한다.
작가는 (도전하면 큰 상처를 받는다. 하지만 우리에게는 많은 기회들이 있다. 도전하고 또 도전하면 언젠가는 자유를 얻게 될 수 있으니 그 자유를 잘 활용하며 살아가야 된다) 라고 말하고 있다.

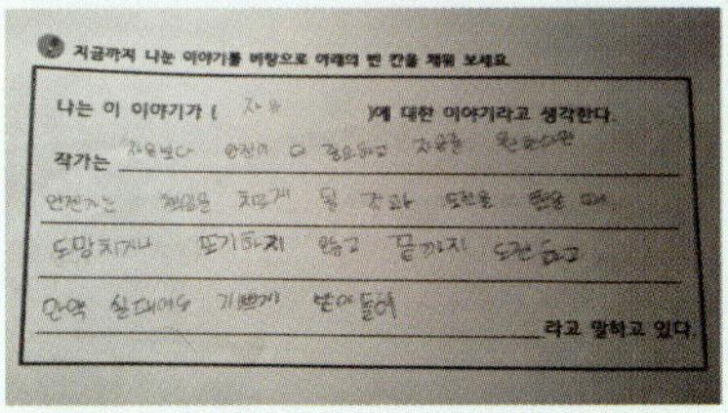

나는 이 이야기가 (자유)에 대한 이야기라고 생각한다.
작가는 (자유보다 안전이 더 중요하다. 자유를 원한다면 책임을 치르게 된다. 도전을 했을 때 도망치거나 포기하지 않고 끝까지 도전하고 만약 실패해도 기쁘게 받아들이) 라고 말하고 있다.

자유와 도전을 선택할 때에는 언제나 책임이 따르지만, 새로운 것을 두려워하기보다는 적절히 활용하는 것이 중요하다는 것을 알게 된 수업이었습니다. 여기까지의 수업이 이후의 수업을 어떻게 변화시킬지 저는 미처 예측하지 못했습니다. 그 변화는 다음 차시에서 확인할 수 있습니다.

그렇다면 우리는 - 연결해요

그림책 수업을 통해 선택과 책임을 이해했으니 이어 5학년 교과서에 나온 'AI 발전의 찬성과 반대'에 대해 생각해 보도록 했습니다. 두 수업을 연결하면서 'AI를 자유롭게 사용한 결과를 예측해 보고 인류에 해가 되지 않는 책임 있는 행동이 무엇인지'에 대해 깊이 생각해보는 수업으로 진행하였습니다.

이를 위해 자료를 추가로 조사하여 'AI의 발전은 인류에게 행복을 주는가?'라는 주제로 찬반 토론을 하였습니다.

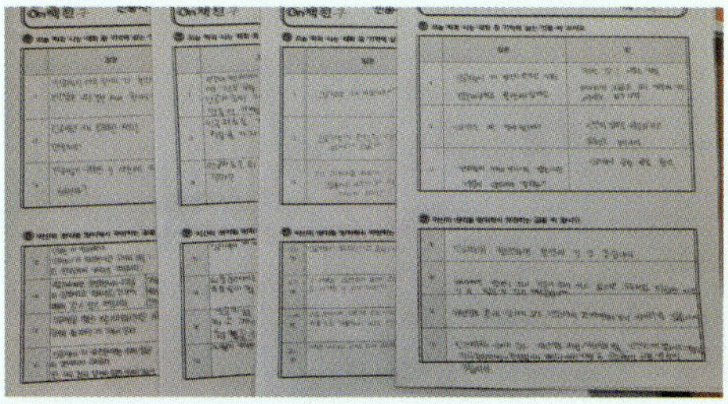

토론이 끝난 뒤에도 학생들은 더 궁금한 것들을 계속 물어보았습니다. 궁금해서 도저히 못 참겠다는 것입니다.

교사: 그래? 뭐가 그렇게 궁금한데? 더 궁금한 것들을 다 써 볼래?

(후속질문들을 모아 유목화하고 다듬은 후)

학생1: 선생님, 여기 있는 것들을 팀별로 조사해서 발표하면 좋겠어요.

교사: 그러면 팀별로 자료를 만들고 발표하는 시간을 가져 보자.

학생2: 선생님, 그런데 여기 있는 질문 말고도 다른 질문들도 물어봐도 되나요?

교사: 그러면 발제자의 발표를 듣고 궁금한 것을 질문하고 답하면 되지. 와, 이런 걸 포럼이라고 하는데, 우리가 하려는 것이 학생 포럼이 되겠구나.

이렇게 학생들의 열화와 같은 궁금증과 요구로 포럼을 계획하고 실행하게 되었습니다. 우리가 하려는 수업이 포럼의 형태임도 알려주니 자부심도 올라갔습니다.

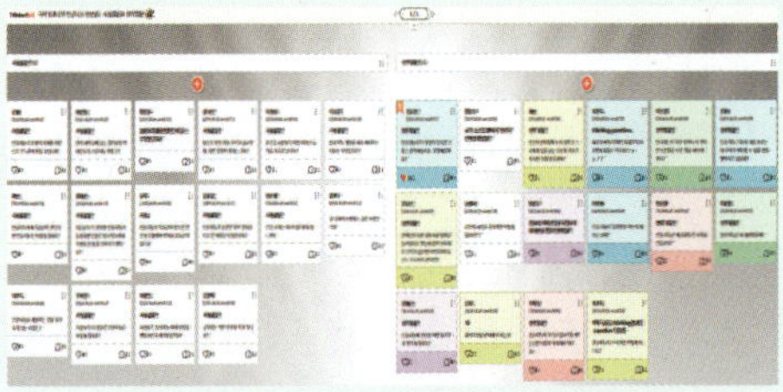

(학생들의 후속질문을 다듬은 것)
- 인공지능의 좋은 점과 나쁜 점, 한계는 어디까지일까요?
- 인공지능을 사용할 때 어떤 것을 주의해야 할까요?
- 인공지능이 발전한 미래에는 어떤 직업을 갖는 것이 좋을까요?

↑ 학생들이 직접 조사하고 제작한 발제 자료

↑ 학생 포럼 모습-발제팀의 발표를 듣고 나머지 학생들이 추가로 질문하고 답하는 모습

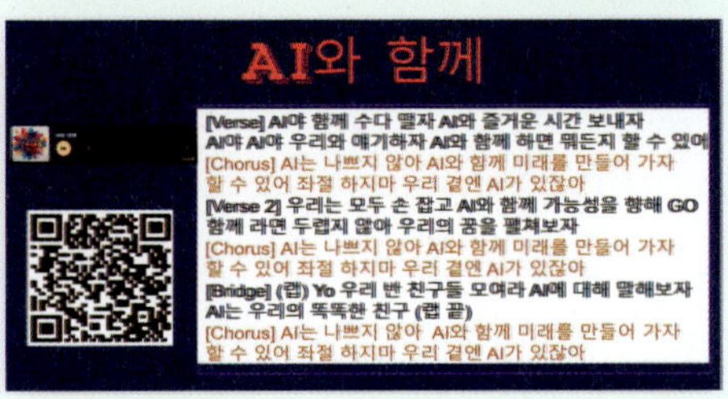

(학생 포럼 마치고 만든 로고송)

AI와 함께

(Verse1) AI와 함께 수다 떨자 AI와 즐거운 시간 보내자 AI야, AI야 우리와 얘기하자 AI와 함께 하면 뭐든지 할 수 있어.

(Chorus) AI는 나쁘지 않아. AI와 함께 미래를 만들어가자. 할 수 있어. 좌절하지 마. 우리 곁엔 AI가 있잖아.

(Verse2) 우리는 모두 손잡고 AI와 함께 가능성을 향해 GO. 함께 라면 두렵지 않아 우리의 꿈을 펼쳐보자

(Chorus) AI는 나쁘지 않아. AI와 함께 미래를 만들어가자. 할 수 있어. 좌절하지 마. 우리 곁엔 AI가 있잖아.

(Bridge)(랩) Yo. 우리 반 친구들 모여라. AI에 대해 말해보자. AI는 우리의 똑똑한 친구.

(Chorus) AI는 나쁘지 않아. AI와 함께 미래를 만들어가자. 할 수 있어. 좌절하지 마. 우리 곁엔 AI가 있잖아.

하브루타는 한 차시 안에서 '들생만나연'의 모든 활동을 다룰 수도 있고 이렇게 장기 프로젝트로 연결되는 수업의 앞부분을 구성할 때 활용될 수도 있습니다. 물론 하브루타만으로 프로젝트를 구성하는 것도 가능합니다.

만약 그림책 수업이 없이 곧바로 프로젝트를 진행했다면 어땠을까요? 물론 실행은 되지요. 하지만 '자유와 도전의 책임'에 대한 깊이 있는 성찰이 있었기에 찬반 토론이 깊이 있게 연결되었을 것입니다. 또한 토론을 마치고 나서 더 많은 후속 질문을 해결하기 위해 포럼으로 이어지는 수업은 하지 못했을 것입니다. 학생들의 탐구에 대한 열망이 뜨겁게 타오르는 것을 바라보는 것은 참으로 벅찬 감동이었습니다.

포럼수업을 시행한 뒤 수업 소감을 나눌 때 학생들의 만족도가 매우 컸습니다.

포럼 수업 학생 소감

학생1: 제가 정말 인공지능 전문가가 된 것 처럼 느껴졌어요.
학생2: 미래 사회에서 인공지능이 인류를 지배할까 봐 두려운 마음이 있었는데 이제는 괜찮아졌어요. 그것을 예방하기 위해서 사람들이 협력하고 있다는 것을 알았거든요.
학생3: 인공지능을 개발 윤리가 왜 필요한 지 알게 되었어요.

포럼 수업 이후 다른 활동을 하면서 학생들에게 생성형 AI 활용법을 안내해 주었을 때에도 학생들 스스로 출처가 불확실하고 오류가 있을 수 있다면서 스스로 사용을 제한하는 모습까지 보였습니다.

이렇게 후속질문으로 포럼 활동이 실행된 것은 교사의 수업 의도에는 계획되어 있지 않았지만, 평소에 질문을 소중히 다루고 해결하는 하브루타 문화가 정착되어 있었기에 가능했습니다.

에필로그

하브루타와의 여정

하브루타 수업이야기를 마치며 저자들이 다시 만났습니다.

"하브루타라고 검색하면 진짜 다양하고 많은 영상과 글이 있어요. 많은 사람들이 시도하고 이것이 좋다고 연구를 많이 하는 걸 알 수 있어요. 배울 점도 아주 많고요. 그런데 유행처럼 불타올랐다가 시들해지는 교육방법처럼만 생각되는 것이 안타까워요."

"지금까지도 하브루타를 교육법이냐 문화냐로 많은 이야기를 해왔는데 둘 다 맞는 말인 것 같아요. 질문과 짝과 대화라는 키워드가 거의 모든 교과에 도입되고 확대되고 있는 것을 보면 문화이자 효과적인 교육방법으로 녹아드는 것 같습니다."

"여기 모인 선생님들은 모두 하브루타와 인연이 많으신데 하브루타가 어떤 의미가 있는지 이야기 나누어 볼까요?"

"하브루타는 한마디로 나에겐 '감탄'과 '감사'입니다. 짝활동을 하고 만족해하는 아이들, 새로운 질문을 쏟아내는 아이들을 만날 때, 감탄하게 되었습니다. 또 친구의 질문에 생각지도 못한 답을 해주는 아이들을 볼 때 하브루타에 다시금 감사했습니다. 감탄이 나오는 질문, 웃음이 저절로 나오는 답이 있는 하브루타 수업을 어찌 놓을 수 있겠어요."

"제게 하브루타는 저 자신의 한계를 넘는 일이었습니다. 저는 잘 설계된 수업을 선호했고, 수업은 학습목표를 확인하고 수업 결과가 목표에 도달하는 것이 중요하다고 생각했습니다. 그렇지만 수업이 계획한 대로 되는 것도 아니었고, 하브루타 수업은 오히려 잘 안되고 더 어려웠습니다. 그런데 '모든 아이들을 수업 속으로 끌어들이기 위해서는 어떤 장치가 필요할까?'라는 질문을 계속 하던 중, 늘 발표하려고 아우성치는 아이들 틈에서 묵묵히 수업을 지켜보는 아이들이 보이기 시작했어요. 말이 없다고 생각이 없는 것은 아닐 텐데 어떻게 하면 언저리에 있는 아이들의 생각을 밖으로 끌어낼까 고민하게 되었어요. 활동과 수행으로 결과물 낳기에 급급한 수업에서 벗어나 아이들의 생각에 돌직구를 던질 수 있는 수업, 그게 바로 하브루타 수업이었어요. 생각을 자극하는 도발적인 질문이 오가며 서로 관계를 맺는 아이들의 유연한 배움에 교사인 나도 성장하는 계기가 되었습니다. 2022 개정 교육과정은 질문과 탐구 수업을 강조합니다. 하브루타 수업이야말로 생각 속에 존재하는 의문을 질문으로 표출할 수 있는 새로운 개념 탐구의 길잡이가 될 거라고 생각해요."

"어떻게 하면 질 높은 수업, 학생이 스스로 참여하는 의미있는 수업을 할 수 있을까? 공교육의 안정적인 틀에서 안일한 생각에 갇혀 있는 나를 바꿀 수 있는 방법은 없을까? 저는 그런 질문을 하며 주입식 교육을 하지 않으려고 발버둥을 치다 하브루타를 만났어요. 하브루타의 핵심은 생각하는 힘, 사고의 깊이라고 생각합니다. 그래서 하브루타를 구현하기가 어렵고 측정하기가 어려운 것 같아요. 학교 현장에서 수도 없이 하브루타를 어떻게 구현할까 고민하다가 때로는 내려놓고 편하게 수업하려는 마음이 들지만 계속 하브루타를 붙잡고 있는 것은 우리의 교육이 지향해야 하는 가치를 품고 있기 때문이에요. 하브루타는 저에게 내비게이션 같은 존재입니다."

"서로 배움을 돕고 함께 성장하는 하브루타 공부법이 오랜 교직 생활의 철학을 단단히 세워주네요. 방향성을 가지게 되니 내가 노력하는 교육의 힘을 믿고 유행보다는 기본을 다지는 데 집중하게 됩니다. 하지만 교실 수업으로 돌아와 보면 쉬운 듯 어려운 게 하브루타 공부법이더라구요. 가끔 미로에 갇힌 기분도 들고 길을 잃어요. 달라진 점이라면, 아이들이 서로 문답하며 나누는 눈높이 대화에 더 귀 기울여 듣습니다. 수업 시간에 마냥 조용했던 아이가 입을 열어요. 그 뿌듯한 장면을 목격하는 즐거움이 많아지길 바라며 오늘의 수업에 대해 스스로에게 질문을 자꾸 던져 봅니다. '이 수업으로 학생들이 무엇을 얻어 가면 좋을까?', '학생들은 스스로 생각하며 움직이고 있을까?', '이 자료가 단순히 재미만이 아니라 배움에 도움이 될까?' 그렇게 스스로 하브루타를 하는 힘! 확실히 저는 하브루타에 젖어든 것이 맞아요."

"교사의 삶 속으로 들어온 하브루타의 의미를 잘 말씀해주셨네요. 마지막으로 교실의 변화를 좀 나누었으면 합니다. 기억나는 일이 있으신지요?"

"사실 말하기 싫어하는 학생들이 가장 어렵죠. 특히 매 시간 하브루타를 해야 하는데 입도 떼지 않는 친구들이요. 그런 학생이 한 명 기억나는데, 저는 1년을 공들였습니다. 쉬는 시간에 마주치면 반갑게 인사하고, 공부시간엔 작은 하나라도 칭찬해주었어요. 듣는 게 말하는 것 보다 힘들다며 그래도 너의 생각을 언젠가 말하기를 기대하겠다고 했지요. 2학기 말에 먼저 손을 들고 전체 앞에서 수업 소감을 발표하더라구요. 그때의 기분은 정말 날아갈 것만 같았지요. 인내를 가지고 믿고 기다린 결과입니다. 가끔 어떤 분들은 제게 하브루타를 오래 했다고 '선생님은 내공이 있으시잖아요'라고 하는데 그런 내공은 실패하고 좌절해도 지속하여 다시 시도하는 데서 온다고 생각합니다."

"저는 단기적인 변화를 말씀드리고 싶어요. '들어요'에 나온 방법대로 사회 시간에 한 문장씩 읽고 서로 설명하는 수업이었어요. 수업을 마치고 한 학생이 오는 거예요. 자기는 사실 외국에서 와서 글 읽기도 어렵고 힘든데 이 수업을 하게 되어서 힘이 난다고 고맙다고 하는 거예요, 그러니까 그 학생에게는 글을 천천히 읽고 곱씹는 시간이 없었던 거예요. 이번 수업에 온전히 집중해서 잘 알게 되었다고 감사하다고 하는데 정말 뭉클했습니다."

"제가 근무하는 학교는 다문화 학생들의 비중이 많은 편이어서 학생들의 어휘력 신장에 중점을 둡니다. 하브루타를 하면서 학생들이 어려운 단어를 말하면 격려하고 되짚어주었습니다. 다문화 학생들이라 대화로 하는 수업이 정말 어려웠지만 '인생에 중요한 것을 배우는 거다', '어디서도 못 배운다' 라며 지속해서 격려하며 나아갔습니다."

"저는 질문을 나누면서 동등한 존중이 이루어진다고 생각합니다. 하브루타를 통해 질문을 한다는 것은 관심을 가진다는 것, 마음을 열고 생각을 나누는 것이고 그 과정이 바로 존중이라고 생각합니다. 일반적으로 수업에서의 질문은 교사가 학생에게 하는 것으로 일종의 상하관계라고나 할까요? 학생들이 정답을 맞혀야 했죠. 하지만 하브루타를 만난 후엔 이걸 넘어 상대에게 귀 기울이는 대화가 가능하게 된 거죠."

"네, 저에게도 어느 날 하브루타가 다가왔어요. 우리가 살면서 많은 것을 만나고 헤어지잖아요. 어떤 것은 스쳐 지나가고 어떤 것은 한참을 머무르다 가고요. 저는 하브루타와는 13년째 동거 중입니다. 교사로서 엄마로서 한 인간으로서요. 하브루타는 제가 나 자신을 들여다보고 다른 이들과 소통하며 글과 말을 통해 동서고금의 지혜자들과 만날 수 있게 문을 열어 주었어요. 배움을 향해 질문하며 답하는 시간이 마냥 좋았어요. 제 자신과의 관계, 타인과의 관계, 세상을 대하는 관계의 문이 열렸거든요. 아무것도 모르고 처음 만났던 그날부터 시간이 지날수록, 그래 이게 맞아 라는 본능적인 확신을 따라서 여기까지 왔어요. 이곳에 더 많은 이들을 초대하고 싶어요."

"지금까지 여러 소회를 나누었는데요. 하브루타를 어려워하는 선생님들께 조금이라도 쉽게 다가가기 위해 그동안 저희가 시도하고 실패하고 다시 보충하면서 만들어낸 과정인 '들생만나연'이 효과가 있기를 바라봅니다."

하브루타의 여정에 여러분도 함께 하길 바랍니다.

나는 친구에게 배우고, 친구는 나에게 배우고, 배움은 세상을 바꾼다

생각이 커 가는 우리

들어요. 배울 내용을 읽거나 잘 들어요

생각해요. 질문을 떠올리며 생각해요

만나요. 배우려는 마음으로 짝을 만나요

나누어요. 생각과 배움을 나누어요

연결해요. 배움을 삶으로 연결해요

들어요

- 주요 단어는?
- 핵심 내용은?
- 모르는 부분은?

생각해요

- 누가, 언제, 어디서, 무엇을?
- 무엇 때문에? 어떤 까닭?
- 스스로 다시 설명해본다면?

만나요

- 나는 너를 존중해
- 천천히 말해도 돼
- 다름에서 배워 같음에서 힘이나

나누어요

- 네 생각은 어때?
- 내 생각은
- 그렇다면.. 어떨까?

연결해요

- 만약에 나라면
- ~라고 상상해 보면
- 이렇게 실천해보자

하브루타수업연구회

생각하는

질문을 돕는 말

같은 점과 다른 점은	예를 들면	정리하면	
장점은 (단점은)	기분은 (생각은)	느낌은 (감정은)	원인은 (결과는)
만약에 ~라면	의미	생각	
그래서	그렇다면	어쩌다가	굳이
무슨 뜻	상황	까닭	
어디	무엇을	어떻게	무엇 때문에
누가	언제		

하브루타수업연구회

생각하는

대화를 돕는 말

- 나도~은 동의해
- 또 다른 의견은 없을까?
- 혹시 질문 있어?
- 그래서 그 다음은
- 좀 더 자세히 말해 줄래?
- 내 말이 이해가 됐니?
- 정리해서 말해 줄래?
- 좀 더 크게 말해 줄래?
- 한 번만 더 말해 줄래?
- 천천히 말해도 돼~
- 기다려 줄래?
- 잘 말해줘서 고마워
- 그거 좋은 생각이다
- 좋은 질문이야
- 난 이렇게 생각해
- 네 말은 ~라는 거지?
- 네 생각은 어때?
- 아, 그래?
- 아, 그렇구나~

하브루타수업연구회

메타인지 작동 질문

	질문	평가(◎○△)
들	1. 말하는 사람(본문)을 보며 집중하여 들었나요(읽었나요)?	
	2. 들은(읽은) 내용 중 아는 것과 모르는 것을 말할 수 있나요?	
생	3. 궁금한 것(또는 생각할 내용)을 질문으로 만들었나요?	
	4. 내가 만든 질문에 스스로 답해 보았나요?	
	5. 내가 만든 질문은 상대방이 이해할 수 있는 표현인가요?	
만	6. 친구의 의견을 존중하며 배우려는 마음으로 들었나요?	
	7. 친구에게 나의 의견을 분명한 목소리로 말했나요?	
	8. 서로 다른 생각이나 새로운 의견을 찾으며 대화했나요?	
나	9. 서로 같거나 다른 의견은 무엇인지 말할 수 있나요?	
	10. 나눔을 통해 알게 된 사실이 있나요?	
연	11. 마음에 간직하여 내 삶에 실천하고 싶은 것을 발견했나요?	
	12. 오늘 배운 것을 한 문장으로 말할 수 있나요?	

배움을 준 짝에게 감사하며
오늘 배운 내용과 잘한 점을 간단히 적어 봅시다

하브루타수업연구회

메타인지 작동 질문 카드

*출력하여 카드 모양으로 잘라서 사용하세요.

들어요

1. 말하는 사람(본문)을 바라보았나요?
2. 집중하여 들었나요? (읽었나요?)
3. 들은(읽은) 내용 중 아는 것과 모르는 것을 말할 수 있나요?

생각해요

1. 궁금한 것이나 생각할 것을 질문으로 만들었나요?
2. 내 질문에 스스로 답해 보았나요?
3. 상대방이 이해할 수 있게 질문했나요?

만나요

1. 친구의 의견을 존중하며 배우려는 마음으로 대화했나요?
2. 나의 의견을 분명한 목소리로 말했나요?
3. 다른 생각이나 새로운 의견을 찾으며 대화했나요?

나누어요

1. 우리 팀과 같거나 다른 의견이 무엇인지 말할 수 있나요?
2. 다른 친구들과의 나눔을 통해 더 알게 된 사실이 있나요?

연결해요

1. 마음에 간직하며 내 삶에 실천하고 싶은 것을 발견했나요?
2. 오늘 배운 것을 한 문장으로 말할 수 있나요?

종합

1. 배움을 준 짝에게 감사한가요?
2. 오늘 배운 것과 잘 한 것을 간단히 쓸 수 있나요?

하브루타수업연구회

하브루타 수업이야기

초판발행 2025년 8월 15일

지은이 김석화 · 김자영 · 신은옥 · 김나영 · 이인숙 · 임다영
펴낸이 노 현

편 집 조영은
기획/마케팅 이선경
표지디자인 BEN STORY
제 작 고철민 · 김원표

펴낸곳 ㈜ 피와이메이트
서울특별시 금천구 가산디지털2로 53, 210호(가산동, 한라시그마밸리)
등록 2014. 2. 12. 제2018-000080호
전 화 02)733-6771
f a x 02)736-4818
e-mail pys@pybook.co.kr
homepage www.pybook.co.kr
ISBN 979-11-7279-129-2 93370

정 가 16,800원